HAÏDARA WOUESSOU

Les nouveaux CAHIERS

HISTOIRE GÉOGRAPHIE

ENSEIGNEMENT MORAL ET CIVIQUE

Tle BAC PRO

NOUVEAU BAC PRO

Coordination :

Olivier Apollon et Christophe Escartin
IEN lettres-histoire-géographie

Anne Bertrand
Professeure de lettres-histoire-géographie

Didier Butzbach
IEN lettres-histoire-géographie

Sabine Dumont
Professeure de lettres-histoire-géographie

Rémi Lahire
Professeur de lettres-histoire-géographie

Jenny Mouillet
Professeure de lettres-histoire-géographie

Sophie Philippi
Professeure de lettres-histoire-géographie

FOUCHER

LES LIENS FOUCHERCONNECT

Le manuel papier s'enrichit de ressources numériques

foucherconnect.fr

GRATUIT !
Accessible SANS INSCRIPTION.
EN LIGNE sur www.foucherconnect.fr

▶ **Des pictogrammes** indiquent au fil des pages les liens vers les ressources en ligne.

Exemple **foucherconnect.fr/21hgc004**

Soit

J'accède à la ressource *via* l'adresse complète www.foucherconnect.fr/21hgc004

Soit

J'accède à la ressource *via* la plateforme www.foucherconnect.fr

J'enregistre cette page dans mes favoris pour mes prochaines visites.

Je saisis le code de la ressource indiqué dans le pictogramme.

▶ **Des flashcodes** vous permettent aussi d'accéder à certaines ressources avec un smartphone ou une tablette.

Conception graphique : Favre & Lhaïk
Mise en page : STDI
Cartographie : AFDEC
Iconographie : Sophie Suberbère
Relecture : Anne Rémond

IMPRIM'VERT – Votre imprimeur agit pour l'environnement

PAPIER À BASE DE FIBRES CERTIFIÉES

Foucher s'engage pour l'environnement en réduisant l'empreinte carbone de ses livres. Celle de cet exemplaire est de : 1.0 kg éq. CO_2
Rendez-vous sur www.editions-foucher-durable.fr

Achevé d'imprimer en Italie par L.E.G.O. S.p.A. - Lavis (TN)
Dépôt légal : 16192-8/04 - Juin 2024

ISBN9 78-2-216-16192-8

Vos ressources numériques

vidéo

Histoire thème 1	• **Étude 1 -** Actualités françaises sur le blocus de Berlin	12
	• **Étude 1 -** Actualités françaises sur la guerre de Corée	14
	• **Étude 2 -** Discours intégral de Patrice Lumumba	17
	• **Étude 3 -** La réunification de l'Allemagne	20
	• **Étude 3 -** Départ des États-Unis de l'accord de Paris, réactions	22
	• **Étude 3 -** Nouvelle « route de la soie » : tensions entre l'Europe et la Chine	23
	• **Acteurs -** La conférence de Bandung	31
Histoire thème 2	• **Ouverture -** Défilé militaire du 14 juillet 1945 à la Bastille	36
	• **Étude 1 -** La sécurité sociale a 20 ans	39
	• **Étude 1 -** La guerre d'Algérie en 3 min, le retour du général de Gaulle	39
	• **Étude 1 -** Le référendum du 28 octobre 1958	40
	• **Étude 2 -** Les nouveautés présentées au Salon des arts ménagers, 1949	44
	• **Étude 2 -** Mai 68 expliqué en 1 min	45
	• **Étude 3 -** Création du RMI par Michel Rocard, Premier ministre	46
	• **Étude 3 -** Loi sur la parité femmes-hommes dans les fonctions électives	48
	• **Différenciation -** Simone Veil et son projet de loi relatif à l'IVG	50
	• **Vers l'examen -** Pourquoi la cohabitation est devenue improbable	60
Géographie thème 1	• **Étude 1 -** Lille : Saint-Sauveur, la friche de la discorde	65
	• **Étude 1 -** L'Europe se bétonne	66
	• **Étude 2 -** Comment rendre une ville (vraiment) cyclable	68
	• **Arts et culture -** Mickey 3D, *Respire*	81
Géographie thème 2	• **Étude 1 -** Incendie dans une usine chimique Lubrizol à Rouen	91
	• **Étude 1 -** Le changement climatique, apc-paris.com	92
	• **Étude 2 -** Séismes meurtriers	94
	• **Étude 2 -** Rupture de barrage (Laos)	95
	• **Étude 2 -** Ouragan Maria	97
	• **Étude 2 -** Explosion à Beyrouth	99
	• **Étude 3 -** Soulac-sur-Mer : l'immeuble Le Signal, symbole de l'érosion marine	100
	• **Étude 3 -** Présentation de l'Observatoire de la Côte Aquitaine	100
	• **Étude 3 -** L'ONF engagé pour la protection du littoral	101
	• **Capacité travaillée -** Retour sur le 4 janvier 1966	104
	• **Capacité travaillée -** Dispositif Sécurénov	105
	• **Arts et culture -** Des Hollandais et leurs drôles de maisons flottantes	107
	• **Acteurs -** Inondations dans le Sud-Est	109
	• **Vers l'examen -** Séismes en Californie	112
	• **Vers l'examen -** La Californie en feu fait évacuer	112
EMC	• **Démarche projet -** La mission des éco-délégués	120
	• **Démarche projet -** Débat sur le changement climatique	121
	• **Mise en perspective -** « Qui fait la loi ? »	125

audio

Histoire thème 1	• **Étude 1 -** 24 juin 1948 : le blocus de Berlin	12
	• **Différenciation -** La fabrique de la guerre froide	24
	• **Capacité travaillée -** Frantz Fanon, contre toute aliénation	26
	• **J'évalue mes compétences -** 5 mars 1946 : le discours du « Rideau de fer »	34

mémo > AUDIO

Mémo AUDIO Histoire thème 1	30
Mémo AUDIO Histoire thème 2	56
Mémo AUDIO Géographie thème 1	82
Mémo AUDIO Géographie thème 2	108

lien

Histoire thème 2	• **Étude 1 -** www.vie-publique.fr	41
	• **Étude 3 -** Ex. du site Région Pays de la Loire : l'epass-jeune	48
	• **Étude 3 -** La Charte de l'environnement	49
	• **Arts et culture -** mucem.org	55
Géographie thème 1	• **Étude 1 -** Image satellite - Lille	64
	• **Étude 3 -** Image satellite - Saint-Denis	74
Géographie thème 2	• **Ouverture -** www.georisques.gouv.fr	88
	• **Étude 2 -** Affiche ADEME	94
	• **Étude 2 -** Simulation de montée des eaux	96
	• **Étude 3 -** climatecentral.org	100
	• **J'évalue mes compétences -** Jeu sérieux	110
EMC	• **Ouverture -** Site Mindmaps.app	115
	• **Démarche projet -** Good planet - Calculateur carbone	120
	• **Démarche projet -** Comment participer à la vie de mon lycée	121
	• **Démarche projet -** Challenge Cube-S	121
	• **Démarche projet -** Les OGM - Ministère de la Transition écologique	126
	• **Mise en perspective -** UNESCO	129
RABAT VI	• **EMC -** Témoignages d'éco-délégués	VI

carte interactive

Histoire thème 1	• La partition et le blocus de Berlin (juin 1948-mai 1949)	12
	• La militarisation de la guerre froide : la guerre de Corée (1950-1953)	14
	• L'exemple de l'Inde et du Pakistan	16
	• La conférence de Bandung (1955)	17
	• Les principales organisations régionales à l'échelle mondiale aujourd'hui	19
	• La diplomatie au chevet de la planète	22
Géographie thème 1	• Évaluation des surfaces artificialisées en France entre 2009 et 2019	66
	• La contamination des eaux de surface par les pesticides et les nitrates (2017)	78
Géographie thème 2	• L'inégale répartition des aléas naturels dans le monde	90
	• Les conséquences probables du réchauffement climatique	92
	• La Vallée de la chimie à Lyon	104
	• PPRT de la Vallée de la chimie	105
	• Les aléas en France	111
	• Une région soumise aux risques sismiques et volcaniques	112

SOMMAIRE

Histoire

Géographie

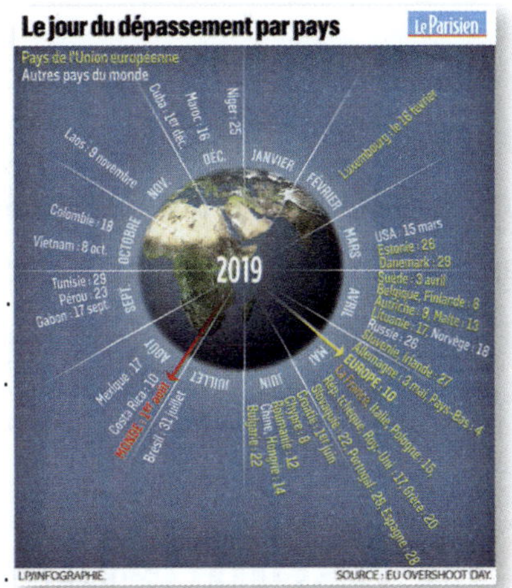

Le jour du dépassement par pays
Le Parisien
Pays de l'Union européenne
Autres pays du monde
2019
L'INFOGRAPHIE
SOURCE : EU OVERSHOOT DAY

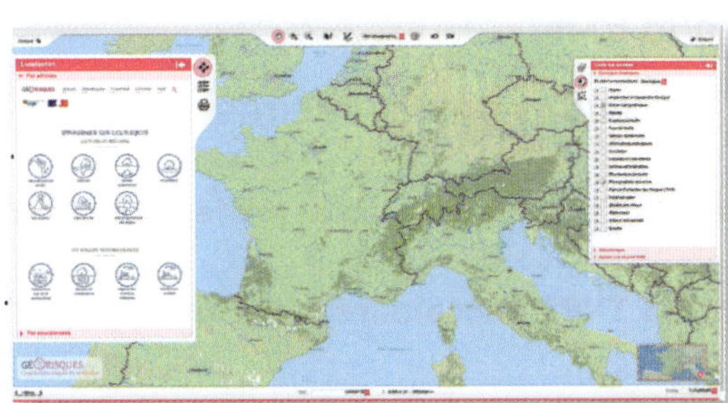

Enseignement moral et civique

À la découverte de votre ouvrage

En histoire et en géographie

Ouverture de thème

De grands documents d'introduction

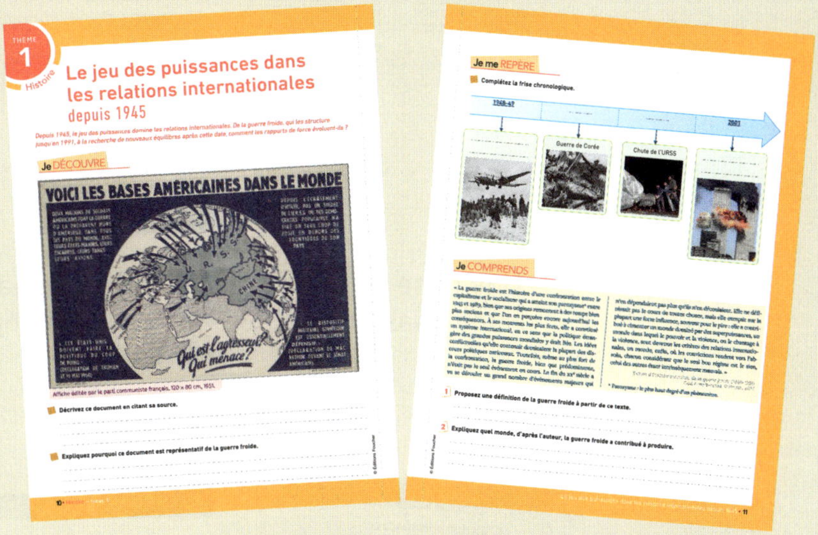

À la découverte du thème par les **repères** et la compréhension de la **problématique**

Trois problématiques

Des activités variées en lien avec toutes les capacités du programme

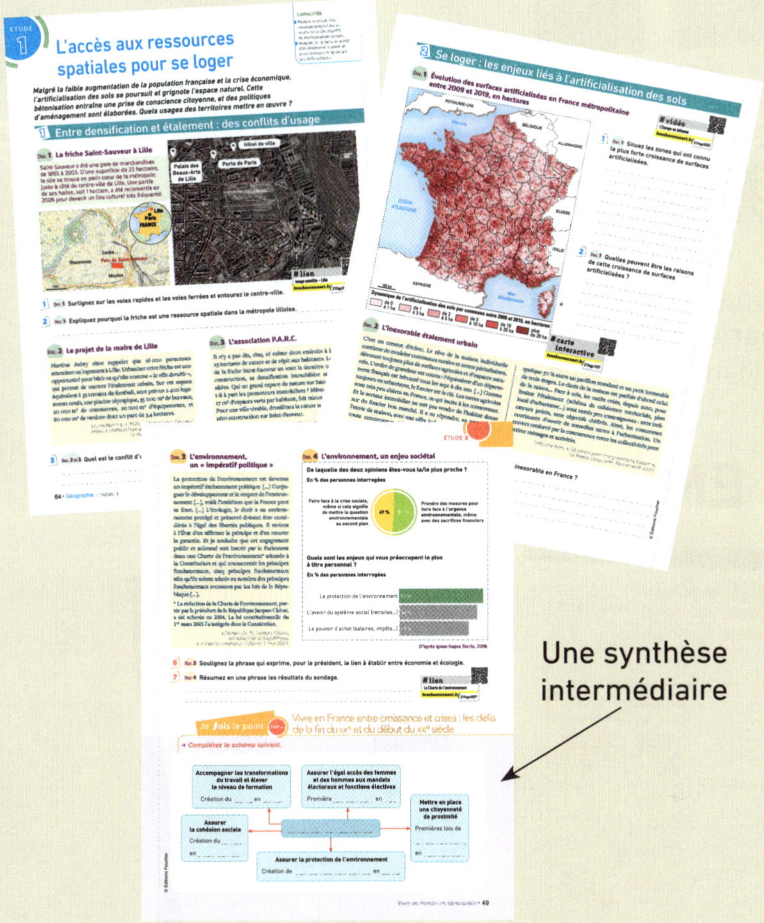

Une synthèse intermédiaire

Activité différenciée

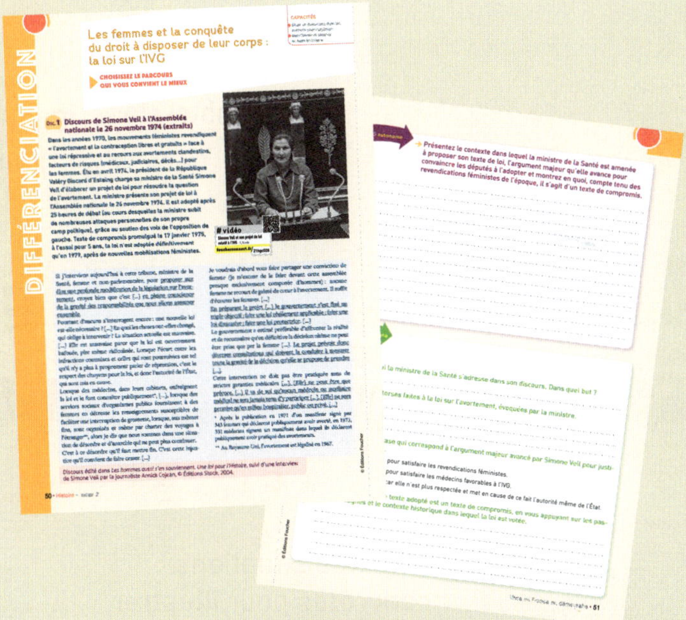

Deux parcours pour répondre à l'hétérogénéité des classes PARCOURS autonome PARCOURS accompagné

Approfondissement d'une capacité travaillée et ouverture sur les arts et la culture

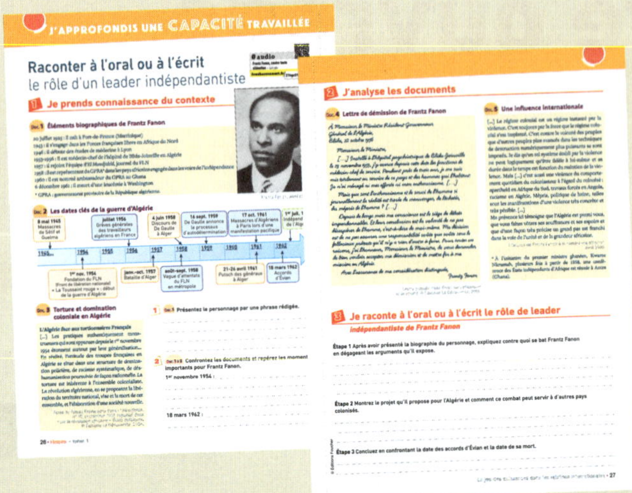

Une mise en activité autour d'une capacité du programme : une phase méthodologique et une phase d'entraînement

Bilan

Un schéma à compléter pour mobiliser ses connaissances

Une synthèse audio et rédigée

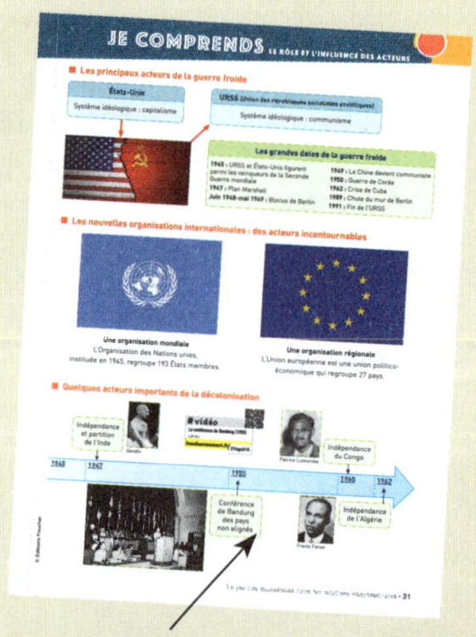

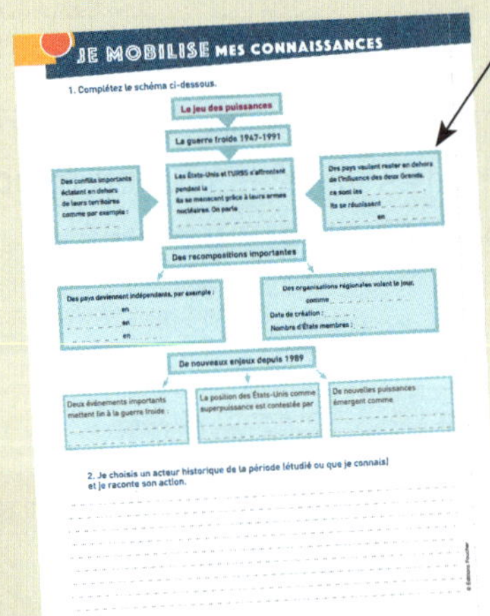

Les mots-clés

En terminale, 1 page spécifique pour parfaitement connaître le rôle et l'influence des acteurs

En EMC

Le thème annuel

Des situations concrètes pour illustrer les 3 sous-thématiques du programme

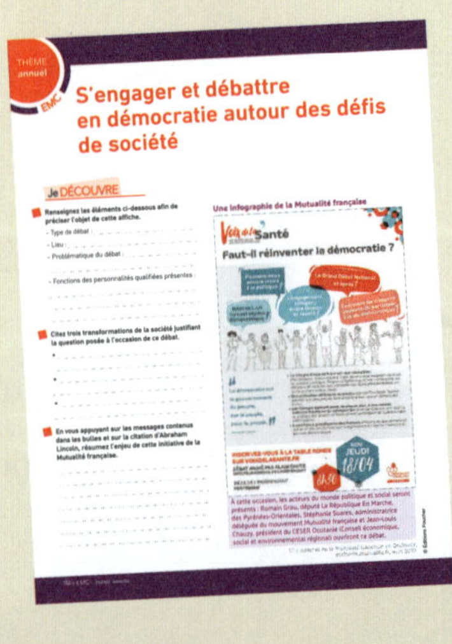

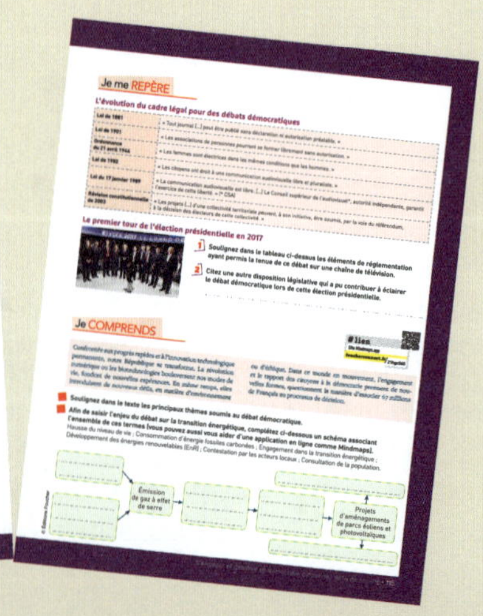

Mise en perspective et démarche projet

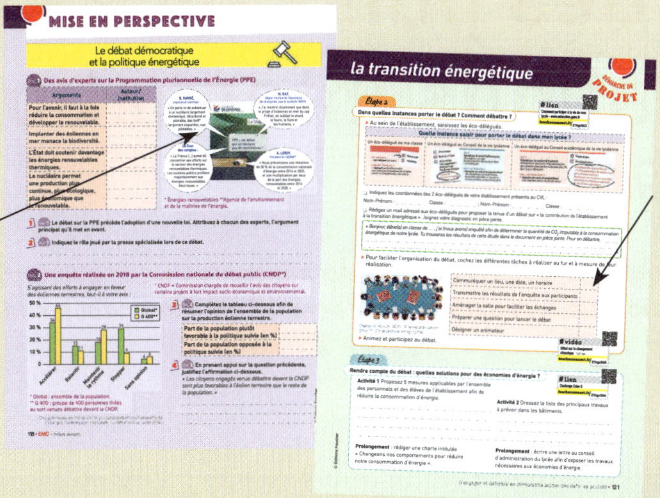

Des propositions variées de mise en œuvre

Des documents et des questions pour élargir des points de vue

En fin de thème Histoire, Géographie, EMC

J'évalue mes compétences

Un entraînement sur chacun des grands thèmes du programme pour se préparer à l'examen

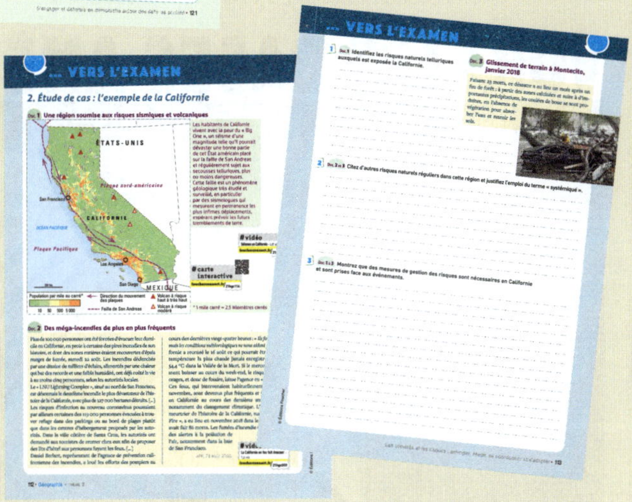

En fin d'ouvrage

Mise en œuvre des capacités

Une grille d'auto-positionnement à remplir

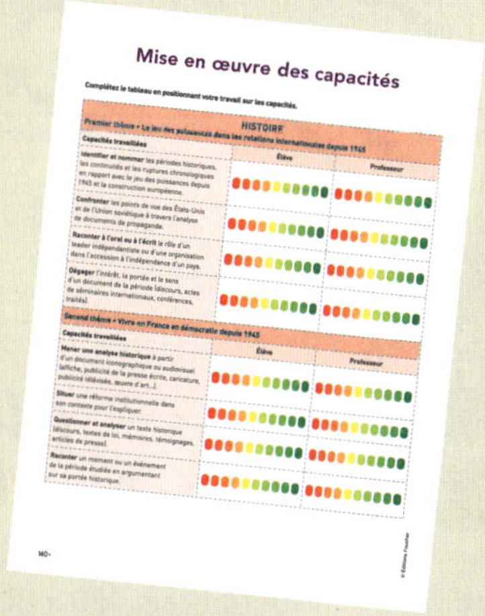

Deux sujets types

Pour s'entraîner aux 3 parties du baccalauréat

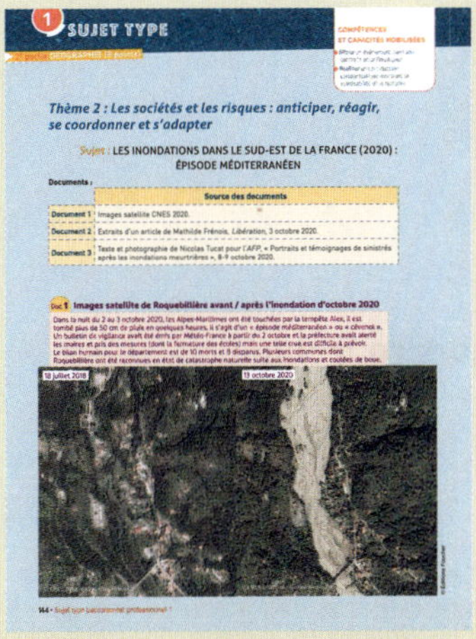

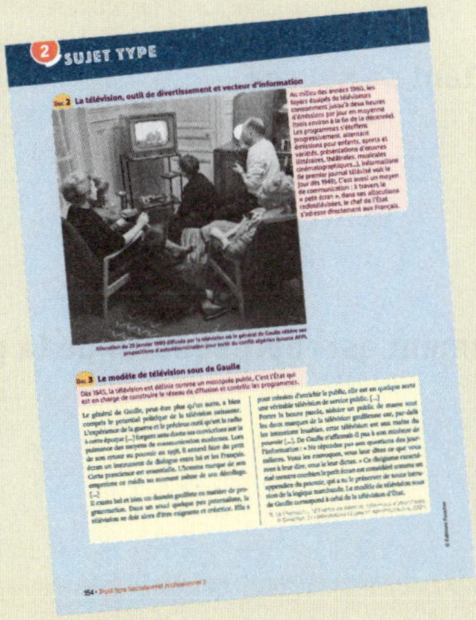

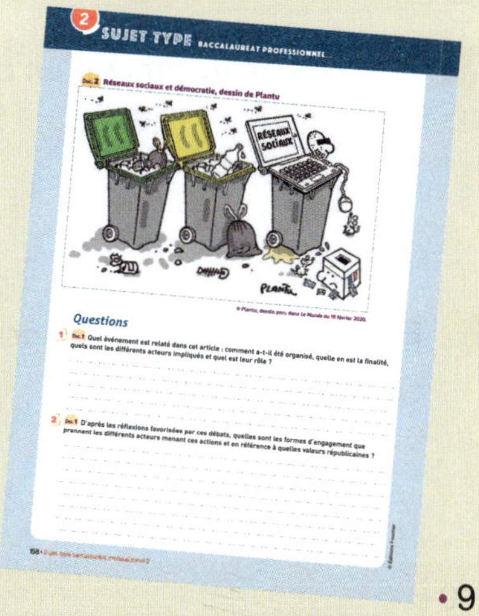

THÈME 1

Histoire

Le jeu des puissances dans les relations internationales depuis 1945

Depuis 1945, le jeu des puissances domine les relations internationales. De la guerre froide, qui les structure jusqu'en 1991, à la recherche de nouveaux équilibres après cette date, comment les rapports de force évoluent-ils ?

Je DÉCOUVRE

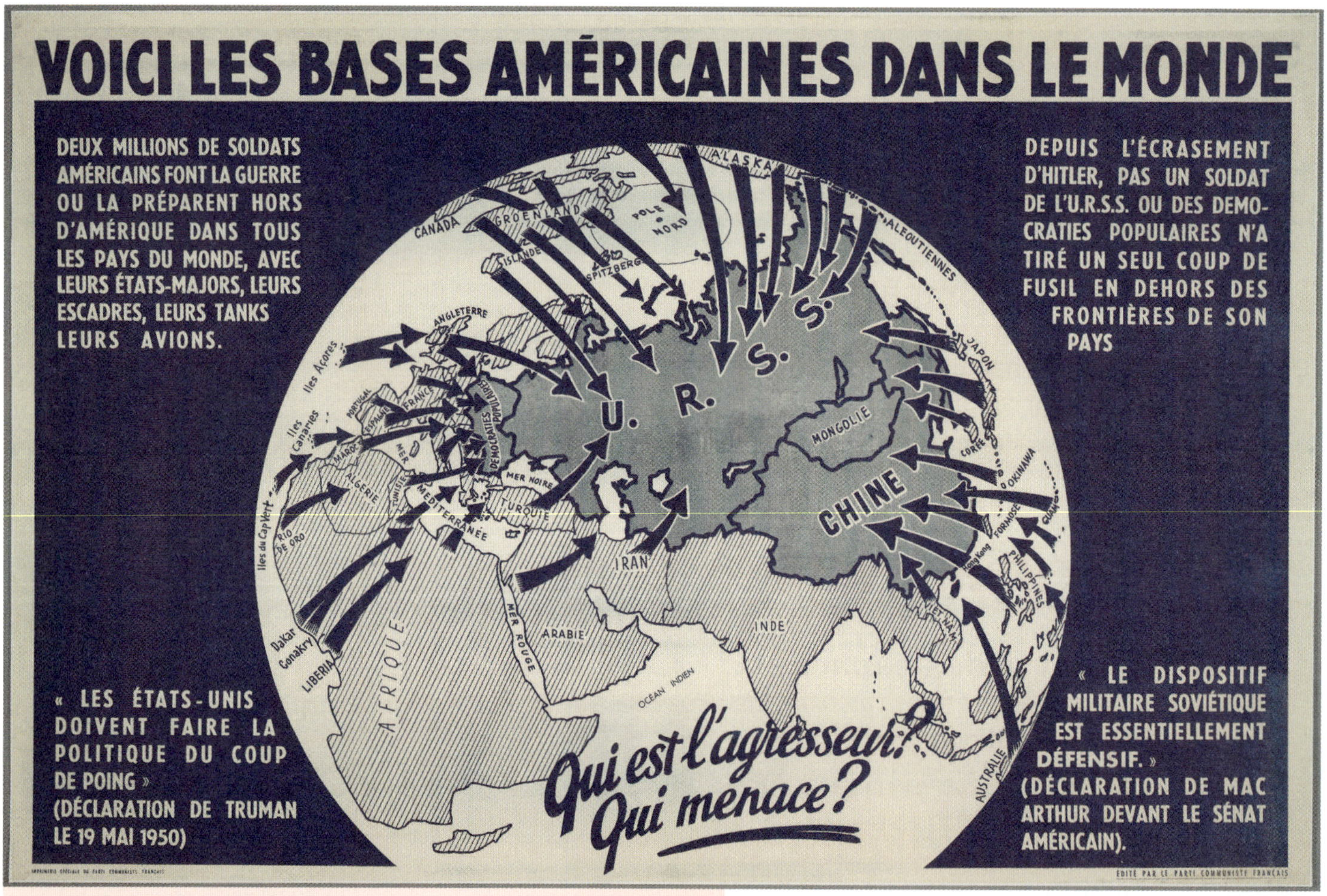

Affiche éditée par le parti communiste français, 120 × 80 cm, 1951.

Décrivez ce document en citant sa source.

....

....

....

Expliquez pourquoi ce document est représentatif de la guerre froide.

....

....

....

Je me REPÈRE

Complétez la frise chronologique.

1948-49	....	....	2001

....

....

Guerre de Corée

Chute de l'URSS

....

....

Je COMPRENDS

« La guerre froide est l'histoire d'une confrontation entre le capitalisme et le socialisme qui a atteint son paroxysme* entre 1945 et 1989, bien que ses origines remontent à des temps bien plus anciens et que l'on en perçoive encore aujourd'hui les conséquences. À ses moments les plus forts, elle a constitué un système international, en ce sens que la politique étrangère des grandes puissances mondiales y était liée. Les idées conflictuelles qu'elle contenait dominaient la plupart des discours politiques nationaux. Toutefois, même au plus fort de la confrontation, la guerre froide, bien que prédominante, n'était pas le seul événement en cours. La fin du XXe siècle a vu se dérouler un grand nombre d'événements majeurs qui n'en dépendaient pas plus qu'ils n'en découlaient. Elle ne définissait pas le cours de toutes choses, mais elle exerçait sur la plupart une forte influence, souvent pour le pire : elle a contribué à cimenter un monde dominé par des superpuissances, un monde dans lequel le pouvoir et la violence, ou le chantage à la violence, sont devenus les critères des relations internationales, un monde, enfin, où les convictions tendent vers l'absolu, chacun considérant que le seul bon régime est le sien, celui des autres étant intrinsèquement mauvais. »

Extrait d'*Histoire mondiale de la guerre froide (1890-1991)*, Odd Arne Westad, © Perrin, 2017.

* Paroxysme : le plus haut degré d'un phénomène.

1 **Proposez une définition de la guerre froide à partir de ce texte.**

....

....

2 **Expliquez quel monde, d'après l'auteur, la guerre froide a contribué à produire.**

....

....

....

ÉTUDE 1

Le jeu des puissances et l'équilibre de la terreur

CAPACITÉS

- **Confronter** les points de vue des États-Unis et de l'Union soviétique à travers l'analyse de documents de propagande.
- **Situer** un événement dans son contexte pour l'expliquer.

Au début de 1947, le gouvernement américain décide de porter un coup d'arrêt à la poussée communiste en Europe et en Asie. La guerre froide oppose dès lors les États-Unis et l'Union soviétique, d'abord en Europe puis à l'échelle du monde. Comment cette opposition se traduit-elle dans les faits ?

1 La guerre froide en Europe (1947-1991) : un terrain d'affrontement idéologique

Doc. 1 La partition et le blocus de Berlin (juin 1948-mai 1949)

En février 1945, la conférence de Yalta au sortir de la Seconde Guerre mondiale a défini 4 zones d'occupation de l'Allemagne et de Berlin : zones américaine, britannique, française et soviétique. En juin 1948, les Soviétiques bloquent toute circulation vers Berlin.
Le 26 juin, Harry Truman décide de faire ravitailler la ville par les airs.

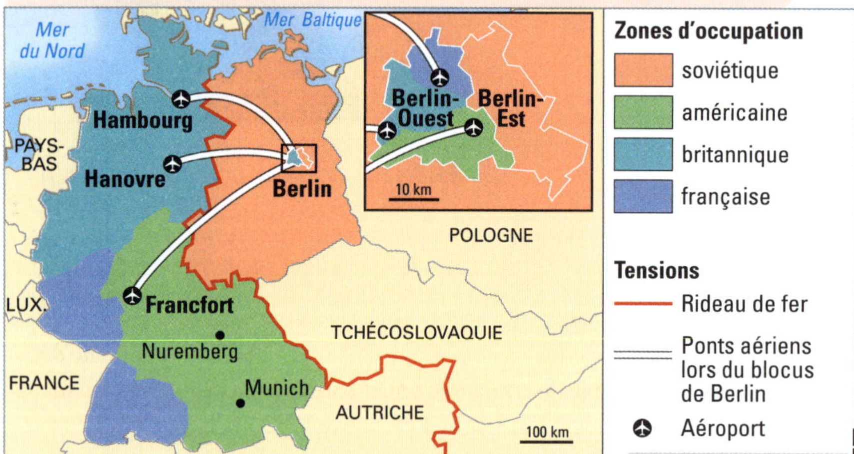

 # carte interactive
foucherconnect.fr/21hgc101

1. **Doc. 1** Situez les zones d'occupation de l'Allemagne après la conférence de Yalta et dites par quoi elles sont séparées.

....

2. **Doc. 1** Expliquez quelle est la situation de Berlin en juin 1948.

....

Doc. 2 Le pont aérien lors du blocus de Berlin

Plus de 2 500 000 tonnes de ravitaillement de toute nature sont transportées par avion de juin 1948 à juin 1949.

3. **Doc. 1 et 2** Expliquez comment les Américains répondent au blocus mis en place par les Soviétiques.

....

 # vidéo
Actualités françaises sur le blocus de Berlin – 1,06 min
foucherconnect.fr/21hgc004

 # audio
24 juin 1948 : le blocus de Berlin – 7 min
foucherconnect.fr/21hgc005

Doc. 3 Le rôle des États-Unis vu par les États-Unis : le plan Marshall

Dévastée par la guerre, l'Europe fait face à de graves difficultés économiques. La montée de l'agitation sociale en 1947 inquiète les États-Unis, tout comme les succès électoraux de la gauche dans les pays européens. En venant en aide aux États européens grâce à un grand plan d'aide, les États-Unis veulent y bloquer l'expansion du communisme et défendre leurs intérêts économiques.

ERP : « programme de rétablissement européen » (*European Recovery Program)*

Intra-European Poster Competition 1950, The George C. Marshall Foundation.

4 Doc. 3 **Expliquez ce que symbolise le bateau.**

– La coque :

– La voile :

5 Doc. 3 **Interprétez la façon dont est représenté le sigle ERP et dites ce qu'on cherche à signifier.**

Doc. 4 Le rôle des États-Unis vu par les Soviétiques

« La colombe de Washington », affiche soviétique de Boris Efimov, 1953.

6 Doc. 4 **Expliquez ce que sont en train de faire les personnages et dites ce que représente le symbole de la colombe.**

7 Doc. 4 **Résumez le message que veulent faire passer les Soviétiques par cette affiche.**

2 Le durcissement de la guerre froide

Doc. 1 La victoire des communistes en Chine

Mao Zedong, chef du parti communiste chinois, proclame à Pékin le 1er octobre 1949 la république populaire de Chine, fondée après une guerre de deux années entre communistes et nationalistes.

« Le gouvernement de l'URSS confirme la réception de la déclaration du gouvernement central populaire de Chine en date du 1er octobre de cette année, contenant la proposition d'établir des relations diplomatiques entre la république populaire de Chine et l'URSS. Ayant examiné la proposition du gouvernement central populaire de Chine, le gouvernement soviétique, poussé par le désir invariable de maintenir des relations amicales avec le peuple chinois, et certain que le gouvernement central populaire de Chine exprime la volonté de l'écrasante majorité du peuple chinois, vous informe qu'il a adopté la décision d'établir des relations diplomatiques entre l'Union soviétique et la république populaire de Chine et d'échanger des ambassadeurs.

Texte du télégramme adressé le 4 octobre 1949 par M. Gromyko, ministre des Affaires étrangères adjoint de l'URSS, à M. Zhou Enlai, ministre des Affaires étrangères du gouvernement chinois à Pékin.

1 Doc. 1 Dites quel régime est mis en place en Chine en 1949.

....

2 Doc. 2 Expliquez ce qu'annonce M. Gromyko à M. Zhou Enlai par ce télégramme.

....

....

 # vidéo
Actualités françaises sur la guerre de Corée – 1,46 min
foucherconnect.fr/21hgc006

Doc. 2 La militarisation de la guerre froide : la guerre de Corée (1950-1953)

Après la capitulation du Japon en 1945, les Soviétiques et les Américains divisent la Corée le long du 38e parallèle en deux zones d'occupation. En juin 1950, les Nord-Coréens (communistes) envahissent le Sud, c'est le début d'une guerre civile ; l'un des conflits les plus meurtriers de l'après-Seconde Guerre mondiale.

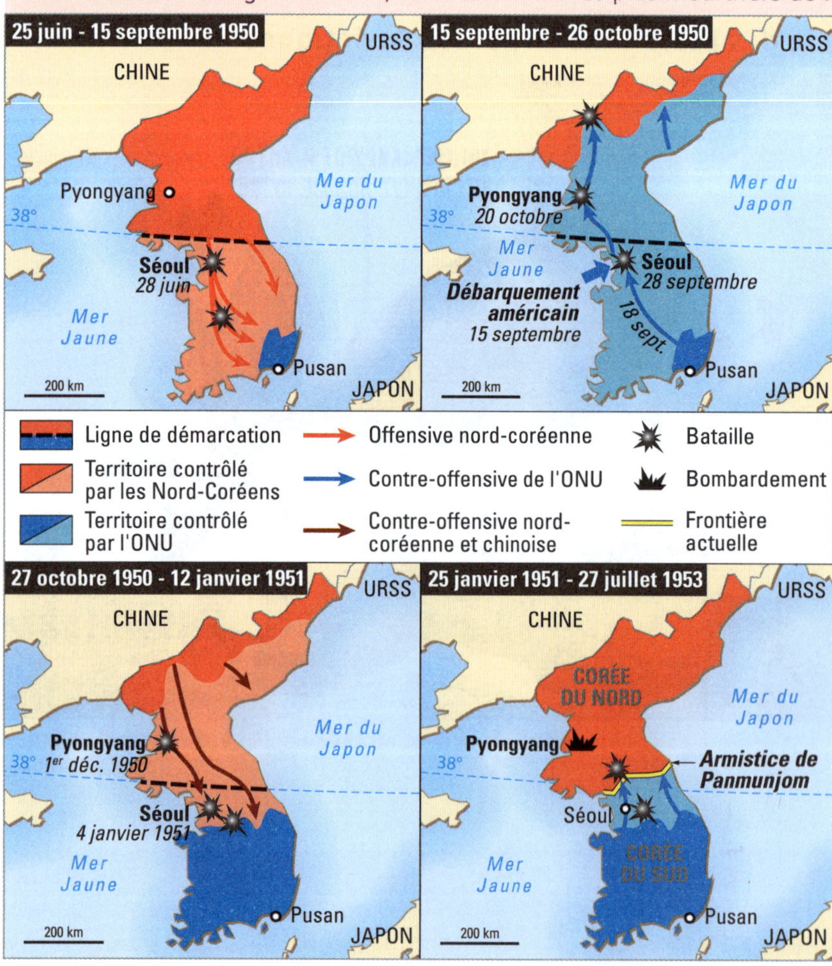

 # carte interactive
foucherconnect.fr/21hgc102

3 Doc. 2 Expliquez les différentes phases de la guerre de Corée

25 juin – 15 septembre 1950	15 septembre – 6 octobre 1950
....	....
27 octobre 1950 – 12 janvier 1951	**25 janvier 1951 – 27 juillet 1953**
....	....

Doc. 4 L'équilibre de la terreur

Les relations internationales sont régies par « l'équilibre de la terreur », stratégie de dissuasion nucléaire qui provoque des moments de tension extrême, comme lors de la crise de Cuba (octobre 1962).

Dessin de presse de Rube Goldberg, paru dans le *New York Sun*, 1948.

Doc. 5 Les armes nucléaires dans le monde

Le nombre total d'ogives nucléaires a radicalement baissé depuis les années 1980 lorsqu'il était de 70 000. Les États signent le traité de non-prolifération des armes atomiques (TNP) en 1968. En 1972, sont signés des accords de limitation : les accords SALT.

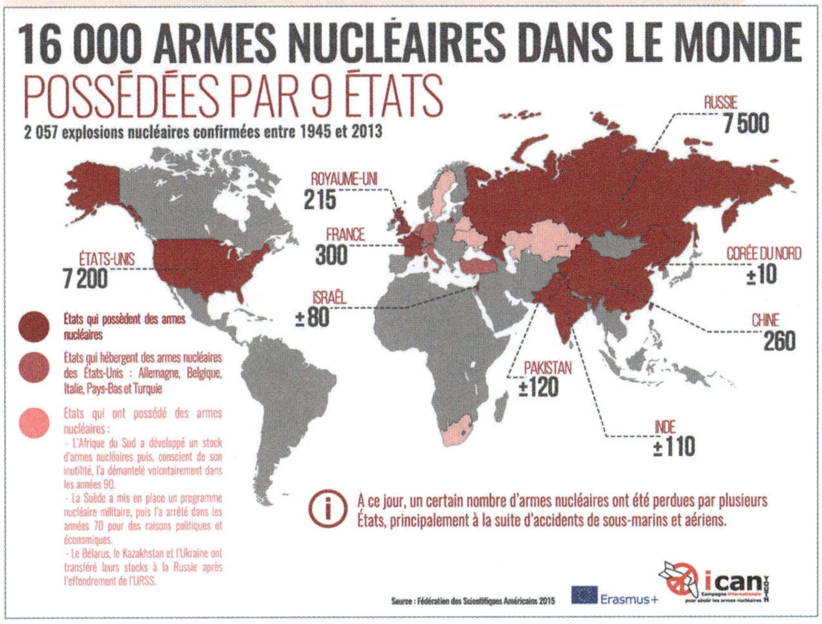

5 Doc. 4 **Décrivez l'image, puis expliquez ce qu'a voulu exprimer son auteur.**

....

....

....

6 Doc. 5 **Montrez à partir de la carte que la situation des armes nucléaires aujourd'hui est en grande partie liée à la guerre froide.**

....

....

7 Doc. 4 et 5 **Définissez « équilibre de la terreur ».**

....

....

Je fais le point sur… Le jeu des puissances et l'équilibre de la terreur

→ ***Rédigez un texte organisé sur la guerre froide en répondant à la problématique.***

« Comment l'opposition entre les États-Unis et l'URSS se traduit-elle dans les faits ? »

La guerre froide se traduit d'abord par un affrontement en Europe : ....

....

....

Elle se durcit ensuite : ....

....

Puis se met en place ce qu'on appelle un « équilibre de la terreur » : ....

....

ÉTUDE 2

Les recompositions du monde

CAPACITÉS
- **Identifier** les continuités et ruptures chronologiques.
- **Situer** un acteur majeur dans son contexte pour préciser son rôle.

De nouveaux États émergent dans le cadre du processus de décolonisation et de grandes organisations régionales se structurent transformant le monde et son fonctionnement. Comment se déroulent ces évolutions ?

1 Les indépendances : l'émergence de nouveaux États

Doc. 1 L'exemple de l'Inde et du Pakistan

L'Inde accède à l'indépendance le 15 août 1947 mais se divise en deux pays distincts : c'est la partition. Des millions de personnes sont déplacées, des massacres de masse font 400 000 morts. Gandhi, l'un des artisans de l'indépendance, est assassiné en janvier 1948.

 # carte interactive
foucherconnect.fr/21hgc103

Doc. 2 Un conflit qui perdure aujourd'hui

L'Inde et le Pakistan, toutes deux puissances nucléaires, se disputent le Cachemire depuis le départ des Britanniques en 1947.

C'est un conflit qui dure depuis si longtemps qu'il a presque disparu de l'actualité, comme si le monde s'y était résigné. La guerre, ou plutôt les guerres du Cachemire, ont fait au moins 70 000 morts et 8 000 disparus parmi les civils depuis la fin des années 1980. Il y a la guerre d'usure que se livrent le Pakistan et l'Inde le long de la Ligne de contrôle, une bande de terre qui coupe le Cachemire en deux depuis la partition des Indes britanniques, en 1947. Et cet autre conflit, qui n'oppose pas deux armées mais les forces de sécurité aux habitants du Cachemire indien, qui réclament leur indépendance, leur rattachement au Pakistan, ou au moins un référendum d'autodétermination. [...] Avec près de 600 000 soldats déployés dans la région, le Cachemire est l'une des régions les plus militarisées au monde.

Julien Bouissou, « L'Agonie sans fin du Cachemire », *Le Monde*, 17 mai 2018.

1 Doc. 1 **Décrivez le déplacement des populations qui vivent en Inde au moment de la partition.**

....
....
....
....
....

2 Doc. 1 et 2 **Expliquez quelles conséquences a eues la partition de 1947.**

Bilan humain du conflit :

– au moment de la partition : ....

– durant les guerres du Cachemire depuis la fin des années 1980 : ....

....

Doc. 3 La conférence de Bandung (1955)

En avril 1955, les représentants de 29 pays d'Afrique et d'Asie se réunissent à Bandung en Indonésie. Ils proclament l'égale souveraineté des peuples et des nations. La position de ces États à l'égard des États-Unis et de l'URSS est variable, mais c'est un premier pas vers les idées de neutralisme et de non-alignement. Cette conférence marque l'entrée sur la scène internationale des pays décolonisés.

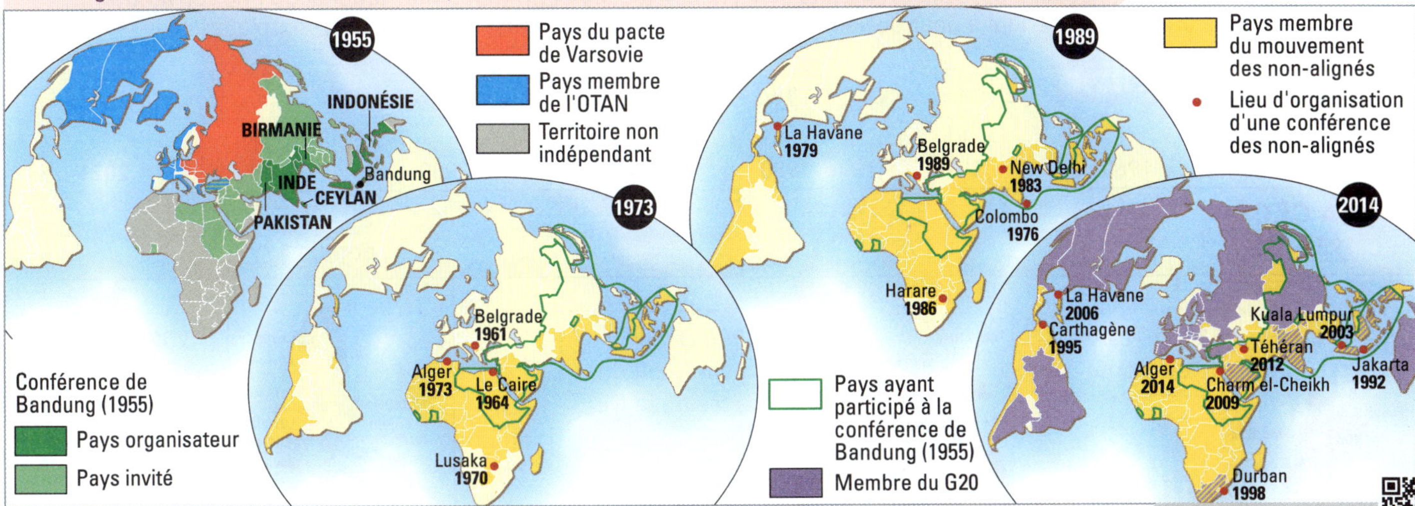

Pacte de Varsovie : alliance militaire groupant les pays d'Europe de l'Est et l'URSS.
OTAN : Organisation du traité de l'Atlantique Nord liant les pays d'Europe occidentale et les États-Unis.

D'après « De la conférence de Bandung au mouvement des non-alignés » *Manuel d'histoire critique*, 2014.

carte interactive
foucherconnect.fr/21hgc104

3 Doc. 3 Situez géographiquement les pays participant à la conférence de Bandung.

....

4 Doc. 3 Expliquez la notion de non-alignement.

....

Doc. 4 Discours de Patrice Lumumba

Patrice Lumumba, leader indépendantiste congolais et Premier ministre de la république du Congo, prononce un discours le jour de la proclamation de l'indépendance du Congo le 30 juin 1960, devant le roi des Belges, Baudouin. Le Congo avait été annexé par Léopold II de Belgique en 1885. Après la proclamation de l'indépendance, Patrice Lumumba est arrêté en décembre 1960, incarcéré et assassiné en janvier 1961 dans des conditions non éclaircies.

Congolais et Congolaises,
Combattants de l'indépendance aujourd'hui victorieux,
Je vous salue au nom du gouvernement congolais. À vous tous, mes amis, qui avez lutté sans relâche à nos côtés, je vous demande de faire de ce 30 juin 1960 une date illustre que vous garderez ineffaçablement gravée dans vos cœurs [...].
Car cette indépendance du Congo, si elle est proclamée aujourd'hui dans l'entente avec la Belgique, pays ami avec qui nous traitons d'égal à égal, nul Congolais digne de ce nom ne pourra jamais oublier cependant que c'est par la lutte qu'elle a été conquise. Une lutte de tous les jours, une lutte ardente et idéaliste, une lutte dans laquelle nous n'avons ménagé ni nos forces, ni nos privations, ni nos souffrances, ni notre sang. Cette lutte qui fut de larmes, de feu et de sang, nous en sommes fiers jusqu'au plus profond de nous-mêmes, car ce fut une lutte noble et juste, une lutte indispensable pour mettre fin à l'humiliant esclavage, qui nous était imposé par la force.
[...] Hommage aux combattants de la liberté nationale !
Vive l'indépendance et l'unité africaine !
Vive le Congo indépendant et souverain !

vidéo
Discours intégral de Patrice Lumumba – 12,47 min
foucherconnect.fr/21hgc007

5 Doc. 4 Déduisez du texte la façon dont a été réalisée l'indépendance du Congo.

....

6 Doc. 4 Dites comment Patrice Lumumba qualifie la domination des Belges sur le Congo.

....

7 Doc. 3 et 4 Expliquez comment se positionne le Congo après son indépendance.

....

2 Naissance et affirmation des organisations régionales

Doc. 1 La construction européenne

Une organisation régionale est une association d'États souverains établie par un traité international ou une convention multilatérale entre ses membres. Elle a pour but de réaliser des intérêts communs, notamment économiques.

1963 Traité de l'Élysée

1990 Réunification de l'Allemagne

1960 – 1970 – 1980 – 1990 – 2000 – 2010 – 2021

LA CECA 1951-1957 | **LA CEE** 1957-1992 | **L'UE** depuis 1992

1957 Traités de Rome

1986 Dernier élargissement dans le cadre de la CEE

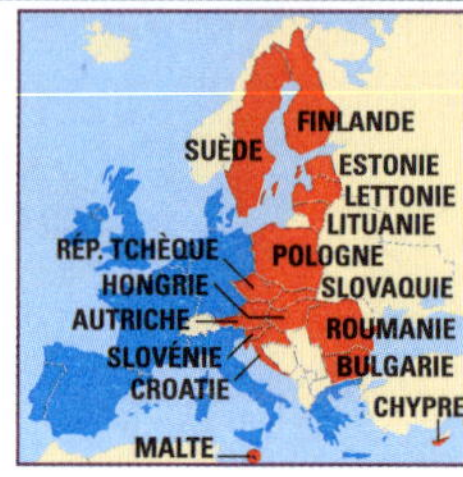

2020 Brexit : le Royaume-Uni quitte l'UE

Doc. 2 L'Europe prise dans la rivalité Chine-États-Unis (2020)

Les Américains pressent les Européens de « choisir leur camp » dans la confrontation avec la Chine, mais une partie des dirigeants européens préfère une « troisième voie » indépendante.

Le débat est lancé, et il devrait être l'un des plus importants pour l'avenir de l'Europe et sa place dans le monde. Les Européens doivent-ils s'aligner sur les États-Unis dans leur affrontement croissant avec la Chine, ou défendre leurs intérêts spécifiques ? C'est une question qui est posée au niveau européen, et dans chacun des États membres. En France, le débat mobilise les experts stratégiques, et rappelle à bien des égards les vieux clivages de l'époque de la guerre froide, entre atlantistes, favorables à donner la priorité à la relation avec Washington, et partisans d'une « troisième voie », indépendante.

Une petite phrase prononcée dimanche soir par Emmanuel Macron a fait réagir, celle où le président plaide pour une « Europe indépendante, face à la Chine, aux États-Unis, et dans le désordre mondial que nous connaissons ».

[...] Plusieurs dirigeants européens, la chancelière Angela Merkel en tête, ont une réaction épidermique face à Donald Trump, et ne veulent pas se laisser embarquer dans sa croisade. À force de traiter l'Union européenne en « ennemie », le président américain a généré un réflexe de méfiance.

Les Européens tentent de définir une position commune. Sans entrer dans la confrontation comme les États-Unis, les « 27 » ont déjà durci leurs positions face à Pékin sur les questions économiques, mais aussi, c'est nouveau, avec la publication d'un rapport consacré à la désinformation chinoise en Europe pendant le coronavirus.

Mais les Européens considèrent que la Chine peut être un « partenaire » sur certains sujets, comme le climat, déserté par les Américains, et un « rival systémique » sur le plan politique, pour reprendre la formule de la Commission européenne l'an dernier. Emmanuel Macron, lui, estime que l'Europe doit exister de manière autonome si elle ne veut pas être la victime des deux géants, soit parce qu'ils s'affronteraient, soit à l'opposé, parce qu'ils s'entendraient trop bien. L'Europe, qui n'a jamais su faire un tel choix par le passé, est au pied du mur.

Pierre Haski, *Radio France/France Inter*, 16 juin 2020.

1 Doc. 1 **Citez en les datant les grandes étapes de la construction européenne.**

CECA	....	....
1951-1957	....	....

2 Doc. 2 **Expliquez quelle est la position des Européens dans la rivalité Chine-États-Unis.**

– Face aux États-Unis : ....

– Face à la Chine : ....

....

Doc. 3 Les principales organisations régionales à l'échelle mondiale aujourd'hui

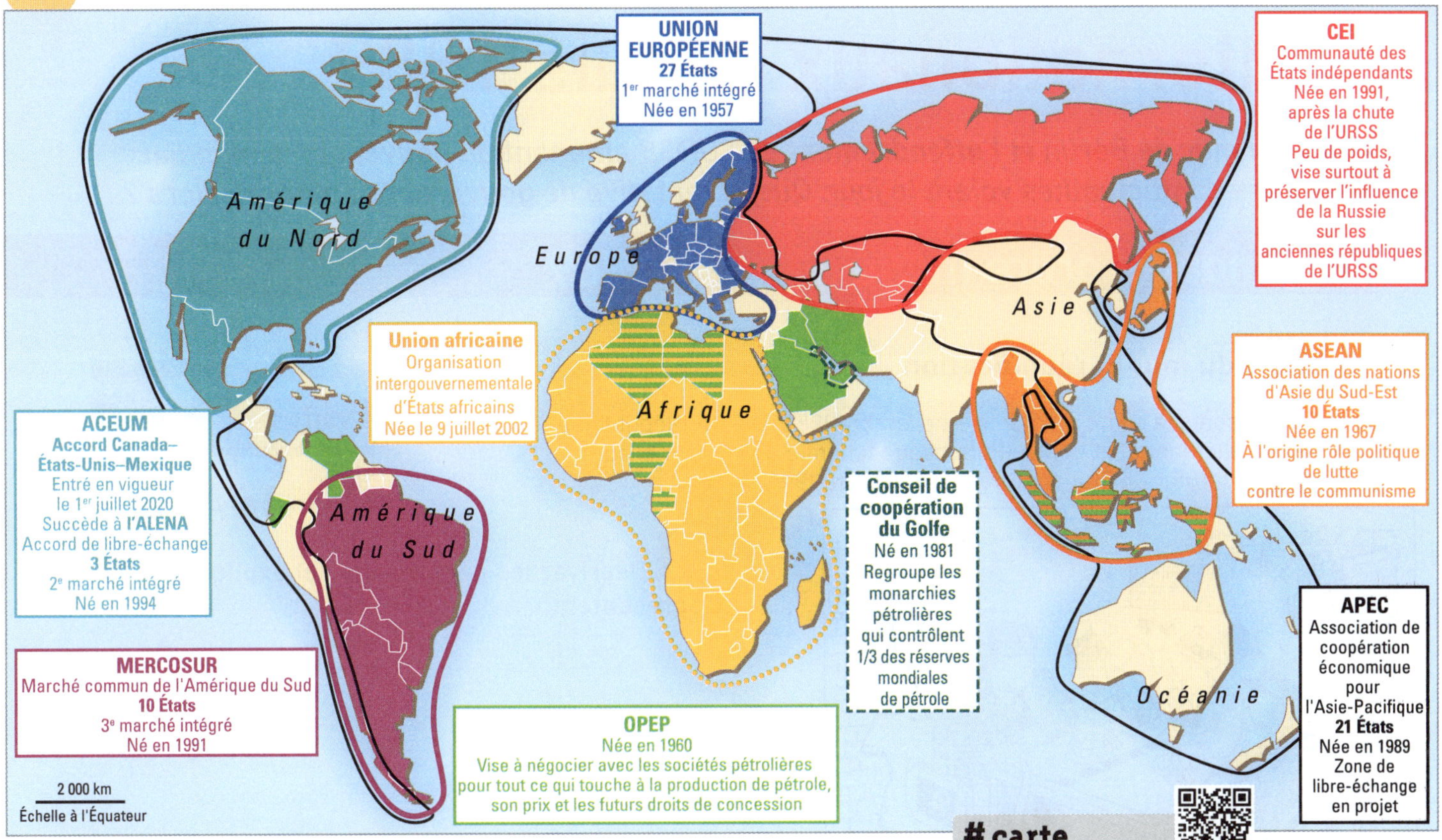

carte interactive
foucherconnect.fr/21hgc105

3 Doc. 3 Citez deux organisations régionales.

....

4 Doc. 3 Expliquez quels sont les intérêts des pays à se regrouper.

....

....

Je fais le point sur... Les recompositions du monde

→ ***Complétez le tableau suivant.***

De nouveaux États indépendants Exemple : .... Exemple : .... Exemple :	**Se réunissent à** .... en	**Ils forment le mouvement des** ....
De nouvelles organisations régionales Exemple : .... Exemple : .... Exemple :	**Elles ont pour but de**	**Elles s'affirment face aux autres puissances.** Exemple : ....

ÉTUDE 3

Les nouveaux enjeux internationaux depuis 1989

CAPACITÉS

Identifier et nommer les ruptures chronologiques.

La chute du mur de Berlin et l'effondrement de l'URSS amènent un nouvel ordre mondial. De nouvelles conflictualités voient le jour. Quelle tentative de gouvernance émerge alors ?

1 Un nouvel ordre mondial après 1989

Doc. 1 Chute du mur et réunification

Moins d'un an après la chute du mur le 9 novembre 1989, la RDA (République démocratique allemande) et la RFA (République fédérale d'Allemagne) sont réunifiées pour former un État souverain le 3 octobre 1990.

© Plantu, dessin paru dans *Le Monde* du 2 février 1990.

 # vidéo
La réunification de l'Allemagne – 3,16 min
foucherconnect.fr/21hgc008

1 Doc. 1 Décrivez les personnages et expliquez ce qu'ils représentent.

....

....

....

....

2 Doc. 1 Rédigez une phrase qui résume le propos du dessin de presse.

....

....

Doc. 2 Le discours télévisé de démission de Mikhaïl Gorbatchev le 25 décembre 1991

« Le destin a voulu qu'au moment où j'accédais aux plus hautes fonctions de l'État, il était déjà clair que le pays allait mal. Tout ici est en abondance : la terre, le pétrole, le gaz, le charbon, les métaux précieux, d'autres richesses naturelles, [...] et pourtant nous vivons bien plus mal que dans les pays développés, nous prenons toujours plus de retard par rapport à eux. La raison en était déjà claire – la société étouffait dans le carcan du système administratif de commande. Condamnée à servir l'idéologie et à porter le terrible fardeau de la militarisation à outrance, elle était à la limite du supportable. [...] Entamer des réformes d'envergure et dans une société comme la nôtre était une œuvre de la plus haute difficulté. [...] Néanmoins, une œuvre d'une importance historique a été accomplie : le système totalitaire [...] a été liquidé ; une percée a été effectuée sur la voie des transformations démocratiques. Les élections libres, la liberté de la presse, les libertés religieuses, des organes de pouvoir représentatifs et le multipartisme sont devenus une réalité. Les droits de l'homme sont reconnus comme le principe suprême ; la marche vers une économie multiforme a commencé [...]. Tous ces changements ont provoqué une énorme tension, et se sont produits dans des conditions de lutte féroce, sur un fond d'opposition croissante des forces du passé moribond et réactionnaire. Je quitte mon poste avec inquiétude. Mais aussi avec espoir, avec la foi en vous, en votre sagesse, et en votre force d'esprit. Nous sommes les héritiers d'une grande civilisation, et, à présent, il dépend de tous et de chacun qu'elle renaisse pour une nouvelle vie, moderne et digne. »

3 Doc. 2 Soulignez les raisons qui expliquent le retard pris par l'URSS par rapport aux pays développés.

4 Doc. 2 Précisez quel bilan politique Mikhaïl Gorbatchev présente lors de son discours de démission.

....

....

....

....

Doc. 3 L'attentat du 11 septembre 2001

er 12, 2001

THE SUN

TERRORISM STRIKES AMERICA

'Never Forget'

ASSOCIATED PRESS

2001: *Smoke billows from the towers of New York's World Trade Center after terrorists crashed hijacked airliners into them.*

Veterans of Pearl Harbor live by those words. And yesterday, in Columbia, one survivor sadly saw the connections between two dates that will live in infamy: Dec. 7, 1941, and Sept. 11, 2001.

ASSOCIATED PRESS/U.S. NAVY FILE

1941: *The USS Arizona is enveloped in flames after the Japanese attack on Pearl Harbor on Dec. 7.*

Le 7 décembre 1941, l'armée japonaise attaque par surprise la base navale de Pearl Harbor, dans le Pacifique. Cette attaque (plus de 2 000 morts) provoqua l'entrée en guerre des États-Unis. La mise en perspective de ces deux événements inscrit le 11 septembre dans le temps long de l'histoire américaine.

The Baltimore Sun, 12 septembre 2001 : « Le terrorisme frappe l'Amérique. `N'oubliez jamais.´ Les vétérans de Pearl Harbor vivent avec ces mots. Et hier, à Columbia, un survivant a vu tristement le rapport entre ces deux dates d'infamie : 7 décembre 1941 et 11 septembre 2001. »

5 Doc. 3 Présentez ce document en citant les événements qui sont traités, puis dites comment sont montrés les deux événements en comparant la place qu'occupent les photographies.

....

....

....

....

6 Doc. 3 Dites pourquoi, si ces événements sont comparables, on peut aussi considérer qu'ils sont très différents.

	Contexte historique	Lieu visé	Nature de la cible
Pearl Harbor	....	....	....
World Trade Center	....	....	....

2 Multilatéralisme et tentative de gouvernance mondiale

La nécessité d'une gouvernance mondiale concernant l'environnement amène l'ONU à organiser le Sommet de la Terre de Rio de Janeiro de 1992. Des conférences des Nations unies sur le climat (COP pour* conference of parties*) se rassemblent chaque année depuis 1995.

Doc. 1 La diplomatie au chevet de la planète

Au rythme actuel des émissions de GES (gaz à effet de serre), principalement dues au dioxyde de carbone issu de l'exploitation des énergies fossiles, la température moyenne augmente de 0,2 °C tous les 10 ans. Lors de la signature de l'accord de Paris, les pays se sont engagés à ce que la hausse de la température moyenne ne dépasse pas +2 °C en 2100.

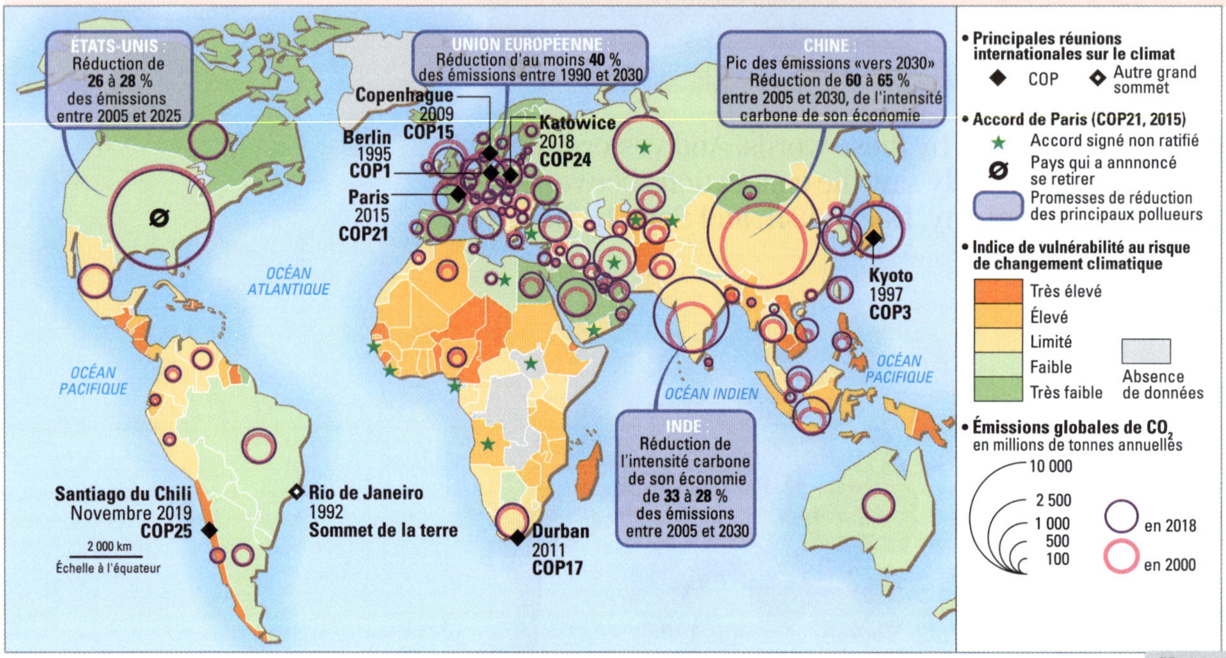

D'après *Grand Atlas*, 2020.

 # carte interactive
foucherconnect.fr/21hgc106

1 Doc. 1 Comparez la vulnérabilité des pays et leurs engagements dans les accord de Paris, et dites ce que l'on peut en déduire.

....

2 Doc. 1 Expliquez les engagements pris par les pays lors de l'accord de Paris.

....

3 Doc. 1 Repérez le pays qui s'est retiré des accords de Paris. ....

Doc. 2 Le multilatéralisme au service de la paix

 # vidéo
Départ des États-Unis de l'accord de Paris, réactions - 2,44 min
foucherconnect.fr/21hgc009

Déclaration à l'ONU à l'occasion de la réunion plénière pour la promotion de la Journée internationale du multilatéralisme et de la diplomatie au service de la paix (avril 2019).

M. Burhan Gafoor (Singapour) a déclaré que pour la survie et la prospérité des petits pays comme le sien, le multilatéralisme* est tout simplement « vital ». Il s'est donc inquiété, à son tour, de la montée en force des nationalismes et d'autres formes de repli sur soi et d'unilatéralisme, autant de systèmes qui ne peuvent en aucun cas relever les grands défis internationaux, encore moins celui des changements climatiques. Au lieu de tourner le dos au multilatéralisme, il faudrait plutôt le renforcer et créer ensemble de nouvelles règles internationales contre des nouveaux défis comme la cybercriminalité et l'impact des technologies de l'information et des communications.

Nations unies, AG/12140, 24 avril 2019.

* Multilatéralisme : implique la coopération de plusieurs États dans le but d'instaurer des règles communes.

4 Doc. 2 Expliquez pourquoi, selon le représentant de Singapour, le multilatéralisme est important.

....

....

Doc. 3 Les ambitions de la puissance chinoise : les nouvelles routes de la soie

Les « nouvelles routes de la soie » ou « *one belt one road* » sont un projet à la fois maritime et terrestre de connexion de la Chine avec l'Europe et certains pays africains. Il a pour but de développer les échanges et la présence de la Chine sur le plan mondial.

 # vidéo
Nouvelle « route de la soie » : tensions entre l'Europe et la Chine
– 3,55 min
foucherconnect.fr/21hgc010

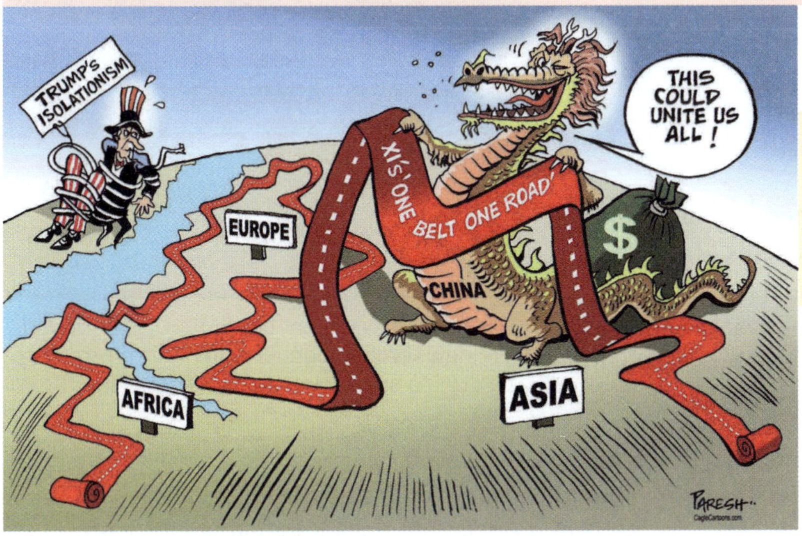

This could unite us all : Ceci pourrait tous nous unir.
Trump's isolationism : Isolationnisme de Trump.
Xi's one belt one road : la ceinture et la route de Xi (« *One belt, one road* » : autre nom des nouvelles routes de la soie promues par le président chinois Xi Jinping).

Paresh Nath, « *China's silk road strategy* », publié dans *The Khaleej Times* (Émirats arabes unis), 24 mai 2017.

6 Doc. 3 Précisez la nature du document. ....

7 Doc. 3 Décrivez le dessin en précisant qui représentent les personnages.

....

....

....

8 Doc. 3 Rédigez un paragraphe qui explique ce que cherche à montrer le dessinateur.

....

....

....

Je fais le point sur… Les nouveaux enjeux internationaux depuis 1989

→ ***Complétez le schéma.***

Un nouvel ordre mondial à partir de 1989
→ 1989 : ....
....
→ 1991 : ....

Un événement majeur en 2001
→ ....
....
....

Des tentatives de gouvernance mondiale
→ Un exemple de COP : ....
→ Le multilatéralisme, définition : ....
....

DIFFÉRENCIATION

CAPACITÉS

Dégager l'intérêt, la portée et le sens d'un document.

Conférence d'Helsinki : un pas vers la fin de la guerre froide

CHOISISSEZ LE PARCOURS QUI VOUS CONVIENT LE MIEUX

Gérald Ford, président des États-Unis et Leonid Brejnev, secrétaire général du parti communiste de l'Union soviétique, en 1975, à Helsinki.

Doc. 1 Les résolutions de la conférence

Le 3 juillet 1975, une conférence sur le désarmement nucléaire s'ouvre à Helsinki, regroupant l'Union soviétique, les États-Unis, le Canada et la majeure partie des pays européens. Elle est aujourd'hui considérée comme l'un des facteurs ayant conduit à la fin du conflit Est-Ouest, notamment en fournissant aux dissidents soviétiques des arguments concernant les droits de l'homme.

I. Égalité souveraine, respect des droits inhérents à la souveraineté. Les États participants respectent mutuellement leur égalité [...]. Ils respectent aussi le droit de chacun d'entre eux de choisir et de développer librement son système politique, social, économique et culturel ainsi que celui de déterminer ses lois et ses règlements. [...]

II. Non-recours à la menace ou à l'emploi de la force. Les États participants s'abstiennent dans leurs relations mutuelles, ainsi que dans leurs relations internationales en général, de recourir à la menace ou à l'emploi de la force, soit contre l'intégrité territoriale ou l'indépendance politique d'un État. [...]

III. Inviolabilité des frontières. Les États participants tiennent mutuellement pour inviolables toutes leurs frontières ainsi que celles de tous les États d'Europe et s'abstiennent donc maintenant et à l'avenir de tout attentat contre ces frontières.

IV. Intégrité territoriale des États. Les États participants respectent l'intégrité territoriale de chacun des autres États participants. [...]

V. Règlement pacifique des différends. Les États participants règlent les différends entre eux par des moyens pacifiques de manière à ne pas mettre en danger la paix et la sécurité internationales et la justice. [...]

VI. Non-intervention dans les affaires intérieures. Les États participants s'abstiennent de toute intervention, directe ou indirecte, individuelle ou collective, dans les affaires intérieures ou extérieures relevant de la compétence nationale d'un autre État participant, quelles que soient leurs relations mutuelles. [...]

VII. Respect des droits de l'homme et des libertés fondamentales, y compris la liberté de pensée, de conscience, de religion ou de conviction. Les États participants respectent les droits de l'homme et les libertés fondamentales, y compris la liberté de pensée, de conscience, de religion ou de conviction pour tous, sans distinction de race, de sexe, de langue ou de religion. [...]

VIII. Égalité de droits des peuples et droit des peuples à disposer d'eux-mêmes. Les États participants respectent l'égalité de droits des peuples et leur droit à disposer d'eux-mêmes [...].

Extrait de l'*Acte final* de la conférence sur la sécurité et la coopération en Europe, Helsinki, 1975.

PARCOURS autonome

 # audio
La fabrique de la guerre froide - 6 min
foucherconnect.fr/21hgc011

1 → Présentez le document.

....

....

2 → Citez les domaines dans lesquels cet accord présente une avancée.

....

....

3 → Expliquez pourquoi les Soviétiques comme les Européens peuvent être satisfaits de ces résolutions.

....

....

4 → Commentez le titre du document de la page précédente.

....

....

PARCOURS **accompagné**

1 → Complétez le tableau d'analyse.

Doc 1	
Dites ce qui est décidé en matière de :	
Respect de la souveraineté et des affaires intérieures	....
Frontières	....
Droits de l'homme	....

Doc complémentaire
1. Expliquez pourquoi cette conférence est importante selon l'auteur du document. ....
2. Dites comment il qualifie l'Europe qui en découlera. ....

2 → Après avoir présenté l'extrait de l'*Acte final* de la conférence, expliquez pourquoi ce document peut être considéré comme un pas vers la fin de la guerre froide.

....

....

....

Doc. complémentaire **Les funérailles européennes de la guerre froide**

Nous sommes satisfaits du déroulement de la conférence européenne sur la sécurité et la coopération. [...] Tout comme en Occident, en Union soviétique les gens se posent cette question : que leur apportera la conférence ? Nous autres, Soviétiques, sommes profondément intéressés par l'issue de la conférence européenne pour deux raisons. D'abord, nous partons de l'idée qu'à Helsinki auront lieu les funérailles européennes de la « guerre froide » qui a empoisonné le climat sur notre continent. Ensuite, nous espérons que seront jetées les bases pour la construction de la nouvelle Europe, l'Europe de la paix et de la coopération de bon voisinage. [...] Pour les Soviétiques, qui ont vécu les horreurs de la Deuxième Guerre mondiale et qui ont perdu vingt millions de leurs compatriotes, l'entente européenne sur l'inviolabilité des frontières et sur la volonté de résoudre les litiges pacifiquement, en excluant la force ou la menace de son emploi, est particulièrement importante. Pour la première fois dans l'histoire de l'Europe, grâce à l'atmosphère politique ainsi réalisée, les déclarations bellicistes à l'adresse d'un autre pays cesseront d'être une affaire privée et équivaudront à un défi, non seulement à l'opinion publique, mais aussi à la volonté des participants de la conférence. [...] Nous pensons avec satisfaction à Genève et avec espoir à Helsinki. Peut-être sera-t-il écrit dans les manuels d'histoire des enfants de nos enfants que la conférence d'Helsinki a défini les normes de comportement mutuel dans les conditions de la coexistence pacifique en Europe.

Vladimir Lomeiko, directeur du département de l'Europe occidentale de l'agence de presse soviétique Novosti, *Le Monde*, 31 juillet 1975.

Raconter à l'oral ou à l'écrit le rôle d'un leader indépendantiste

#audio
Frantz Fanon, contre toute aliénation – 5,41 min
foucherconnect.fr/21hgc012

1 Je prends connaissance du contexte

Doc. 1 Éléments biographiques de Frantz Fanon

20 juillet 1925 : il naît à Fort-de-France (Martinique)
1943 : il s'engage dans les Forces françaises libres en Afrique du Nord
1946 : il débute des études de médecine à Lyon
1953-1956 : il est médecin-chef de l'hôpital de Blida-Joinville en Algérie
1957 : il rejoint l'équipe d'*El Moudjahid*, journal du FLN
1958 : il est représentant du GPRA* dans les pays africains engagés dans les voies de l'indépendance
1960 : il est nommé ambassadeur du GPRA au Ghana
6 décembre 1961 : il meurt d'une leucémie à Washington

* GPRA : gouvernement provisoire de la République algérienne.

Frantz Fanon, années 1950.

Doc. 2 Les dates clés de la guerre d'Algérie

- 1945… — **8 mai 1945** Massacres de Sétif et Guelma
- 1954 — **1er nov. 1954** Fondation du FLN (Front de libération nationale) « La Toussaint rouge » : début de la guerre d'Algérie
- 1955
- 1956 — **juillet 1956** Grèves générales des travailleurs algériens en France
- 1957 — **janv.-oct. 1957** Bataille d'Alger
- 1958 — **4 juin 1958** Discours de De Gaulle à Alger ; **août-sept. 1958** Vague d'attentats du FLN en métropole
- 1959 — **16 sept. 1959** De Gaulle annonce le processus d'autodétermination
- 1960
- 1961 — **21-26 avril 1961** Putsch des généraux à Alger ; **17 oct. 1961** Massacres d'Algériens à Paris lors d'une manifestation pacifique
- 1962 — **18 mars 1962** Accords d'Évian ; **1er juil. 1962** Indépendance de l'Algérie

Doc. 3 Torture et domination coloniale en Algérie

L'Algérie face aux tortionnaires Français

[…] Les pratiques authentiquement monstrueuses qui sont apparues depuis le 1er novembre 1954 étonnent surtout par leur généralisation… En réalité, l'attitude des troupes françaises en Algérie se situe dans une structure de domination policière, de racisme systématique, de déshumanisation poursuivie de façon rationnelle. La torture est inhérente à l'ensemble colonialiste. La révolution algérienne, en se proposant la libération du territoire national, vise et la mort de cet ensemble, et l'élaboration d'une société nouvelle.

Texte de Frantz Fanon paru dans *El Moudjahid*, n° 10, septembre 1957, republié dans *Pour la révolution africaine – Écrits politiques*, © Éditions La Découverte, 2006.

1 Doc. 1 Présentez le personnage par une phrase rédigée.

....

....

....

....

2 Doc. 1 à 3 Confrontez les documents et repérez les moments importants pour Frantz Fanon.

1er novembre 1954 : ....

....

....

....

18 mars 1962 : ....

....

2 J'analyse les documents

Doc. 4 Lettre de démission de Frantz Fanon

À Monsieur le Ministre Résident Gouverneur
Général de l'Algérie,
Blida, 22 octobre 1956

Monsieur le Ministre,

[...] Installé à l'hôpital psychiatrique de Blida-Joinville le 23 novembre 1953, j'y exerce depuis cette date les fonctions de médecin-chef de service. Pendant près de trois ans, je me suis mis totalement au service de ce pays et des hommes qui l'habitent. Je n'ai ménagé ni mes efforts ni mon enthousiasme. [...]

Mais que sont l'enthousiasme et le souci de l'homme si journellement la réalité est tissée de mensonges, de lâchetés, du mépris de l'homme ? [...]

Depuis de longs mois ma conscience est le siège de débats impardonnables. Et leur conclusion est la volonté de ne pas désespérer de l'homme, c'est-à-dire de moi-même. Ma décision est de ne pas assurer une responsabilité coûte que coûte sous le fallacieux prétexte qu'il n'y a rien d'autre à faire. Pour toutes ces raisons, j'ai l'honneur, Monsieur le Ministre, de vous demander de bien vouloir accepter ma démission et de mettre fin à ma mission en Algérie.

Avec l'assurance de ma considération distinguée,

Frantz Fanon

Lettre publiée dans *Écrits sur l'aliénation et la liberté*, © Éditions La Découverte, 2018.

Doc. 5 Une influence internationale

[...] Le régime colonial est un régime instauré par la violence. C'est toujours par la force que le régime colonial s'est implanté. C'est contre la volonté des peuples que d'autres peuples plus avancés dans les techniques de destruction numériquement plus puissants se sont imposés. Je dis qu'un tel système établi par la violence ne peut logiquement qu'être fidèle à lui-même et sa durée dans le temps est fonction du maintien de la violence. Mais [...] c'est aussi une violence du comportement quotidien du colonisateur à l'égard du colonisé : apartheid en Afrique du Sud, travaux forcés en Angola, racisme en Algérie. Mépris, politique de haine, telles sont les manifestations d'une violence très concrète et très pénible. [...]
Ma présence ici témoigne que l'Algérie est parmi vous, que vous faites vôtres ses souffrances et ses espoirs et que d'une façon très précise un grand pas est franchi dans la voie de l'unité et de la grandeur africaine.

Discours de Frantz Fanon à la conférence d'Accra*, avril 1960.

* À l'initiative du premier ministre ghanéen, Kwame Nkrumah, plusieurs fois à partir de 1958, une conférence des États indépendants d'Afrique est réunie à Accra (Ghana).

3 Je raconte à l'oral ou à l'écrit le rôle de leader

indépendantiste de Frantz Fanon

Étape 1 Après avoir présenté la biographie du personnage, expliquez contre quoi se bat Frantz Fanon en dégageant les arguments qu'il expose.

....

....

....

....

Étape 2 Montrez le projet qu'il propose pour l'Algérie et comment ce combat peut servir à d'autres pays colonisés.

....

....

....

Étape 3 Concluez en confrontant la date des accords d'Évian et la date de sa mort.

....

....

Andy Singer, le regard d'un artiste sur le monde

Andy Singer (né en 1965) est un dessinateur américain, qui publie ses dessins dans de nombreux journaux, mais aussi dans des albums. Il porte un regard critique sur le monde moderne et son absurdité. L'artiste s'intéresse aux questions internationales et à leurs répercussions.

Andy Singer par lui-même.

Doc. 1 La puissance américaine vue par Andy Singer

Ce dessin, publié en 1998, illustre les deux volets de la puissance américaine : *hard power* et *soft power*.
Le *soft power* désigne la capacité de séduire et de persuader sans avoir recours à la force.

Andy Singer, *Invading new markets*, 1998.

1 Doc. 1 Décrivez l'image de façon générale et dites à quel événement principal elle se réfère.

....

....

....

....

....

....

....

2 Doc. 1 Repérez la façon dont s'exercent les deux formes de pouvoir.

....

....

....

....

....

....

Andy Singer s'intéresse également aux conséquences de la diplomatie sur les questions de changement climatique.

Doc. 2 Le retrait des États-Unis des accords de Paris

Le président américain Trump a amorcé la sortie des États-Unis de l'accord de Paris le 1er juin 2017.
Traduction : *Il n'y a pas besoin de réguler le carbone. Nous pouvons nous adapter au changement climatique.*

Andy Singer, *Rich Adapt to Climate Change*, 10 septembre 2017 politicalcartoons.com.

3 Doc. 2 **Décrivez le dessin de façon générale et dites à quel événement principal il se réfère (voir page 22).**

....

4 Doc. 2 **Opposez l'attitude des différents personnages et expliquez la critique que fait le dessinateur de cet événement.**

....

5 Doc. 1 et 2 **Montrez comment le dessin de presse est une pratique artistique engagée qui permet à l'auteur de critiquer la politique internationale de son pays.**

....

JE RETIENS

Le jeu des puissances
dans les relations internationales depuis 1945

Le jeu des puissances et l'équilibre de la terreur

Alliés pendant la Seconde Guerre mondiale, les États-Unis et l'URSS s'opposent durant la **guerre froide** à partir de 1947. Cette confrontation a lieu d'abord en Europe, avec le **blocus de Berlin** par les Soviétiques (juin 1948 à juin 1949). Ravagée par la guerre, l'Europe fait face à de graves difficultés économiques. En 1947, **le plan Marshall**, programme d'aide à la reconstruction des pays européens, se met en place. Il vise à empêcher l'extension du communisme.

- **La guerre froide se durcit** alors que la république populaire de Chine est proclamée en 1949. Elle se militarise à partir de 1950 durant la guerre de Corée, une guerre civile qui oppose le Nord et le Sud de la péninsule coréenne, soutenus par les deux Grands.
- **L'équilibre de la terreur** fondé sur la dissuasion nucléaire provoque des moments de tension. Les États, conscients de l'escalade, signent des accords de **non-prolifération et de limitation des armes nucléaires.**

mémo > AUDIO

foucherconnect.fr/21hgc014

Les recompositions du monde

- **Après 1945,** on assiste à un vaste mouvement de **décolonisation** (ex. : le Congo en 1960) et à l'émergence de nouveaux États (ex. : le Pakistan qui se sépare de l'Inde en 1947). De nombreux États se retrouvent à la **conférence de Bandung** en 1955 pour affirmer leur haine du colonialisme et du racisme. C'est un premier pas vers le neutralisme et le **non-alignement**.
- **Des organisations régionales à vocation politique et économique** établies par une convention multilatérale apparaissent et structurent les relations internationales : **l'UE**, **l'ASEAN**, ou **l'ALENA** devenue **l'ACEUM** (ou AEUMC) en 2020.

Les nouveaux enjeux internationaux depuis 1989

- **Après la chute du mur de Berlin en 1989 et moins d'un an après la réunification allemande, l'URSS s'effondre en 1991** mettant fin à un monde marqué par un équilibre bipolaire. Les États-Unis restent alors la seule **superpuissance** et interviennent à la tête d'une large coalition contre l'Irak ayant envahi le Koweït en janvier 1991.
- **Le 11 septembre 2001,** les États-Unis sont touchés par une vague d'attentats perpétrés par l'organisation islamiste Al-Qaïda, ce qui les amène à intervenir militairement en Afghanistan en 2001 puis en 2003 en Irak qu'ils accusent de détenir des **armes de destruction massive**.
- **Aujourd'hui,** le leadership est partagé entre différents États dont se détachent les États-Unis, qui affichent une forme d'isolationnisme (doctrine du président Trump : **« America First »**), et la Chine, qui s'affirme comme une puissance continentale et mondiale. Ces deux puissances s'affrontent dans une guerre commerciale. Dans le désordre géopolitique apparent, des tentatives de **gouvernance mondiale** apparaissent comme la **COP 21** qui en 2015 essaie d'imposer des politiques environnementales.

Mots-clés

- **Décolonisation** : processus d'émancipation des colonies vis-à-vis des métropoles.
- **Guerre froide** : période de fortes tensions géopolitiques entre les États-Unis et leurs alliés et l'Union soviétique et ses États satellites.
- **Non-alignement** : attitude des pays qui ne sont alignés ni avec, ni contre aucune puissance mondiale.
- **Superpuissance** : grande puissance mondiale dominante.

Les principaux acteurs de la guerre froide

États-Unis

Système idéologique : capitalisme

URSS (Union des républiques socialistes soviétiques)

Système idéologique : communisme

Les grandes dates de la guerre froide

1945 : URSS et États-Unis figurent parmi les vainqueurs de la Seconde Guerre mondiale
1947 : Plan Marshall
Juin 1948-mai 1949 : Blocus de Berlin
1949 : La Chine devient communiste
1950 : Guerre de Corée
1962 : Crise de Cuba
1989 : Chute du mur de Berlin
1991 : Fin de l'URSS

Les nouvelles organisations internationales : des acteurs incontournables

Une organisation mondiale
L'Organisation des Nations unies, instituée en 1945, regroupe 193 États membres.

Une organisation régionale
L'Union européenne est une union politico-économique qui regroupe 27 pays.

Quelques acteurs importants de la décolonisation

Gandhi

 # vidéo
La conférence de Bandung (1955) – 2,36 min
foucherconnect.fr/21hgc015

Patrice Lumumba

1945

1947 : Indépendance et partition de l'Inde

1955 : Conférence de Bandung des pays non alignés

1960 : Indépendance du Congo

1962 : Indépendance de l'Algérie

Frantz Fanon

JE MOBILISE MES CONNAISSANCES

1. Complétez le schéma ci-dessous.

Le jeu des puissances

La guerre froide 1947-1991

Des conflits importants éclatent en dehors de leurs territoires comme par exemple : ....

Les États-Unis et l'URSS s'affrontent pendant la .... Ils se menacent grâce à leurs armes nucléaires. On parle ....

Des pays veulent rester en dehors de l'influence des deux Grands, ce sont les .... Ils se réunissent .... en ....

Des recompositions importantes

Des pays deviennent indépendants, par exemple :
.... en ....
.... en ....
.... en ....

Des organisations régionales voient le jour, comme ....
Date de création : ....
Nombre d'États membres : ....

De nouveaux enjeux depuis 1989

Deux événements importants mettent fin à la guerre froide : ....

La position des États-Unis comme superpuissance est contestée par ....

De nouvelles puissances émergent comme ....

2. Je choisis un acteur historique de la période (étudié ou que je connais) et je raconte son action.

....
....
....
....
....
....
....
....
....

> À l'issue de l'étude du thème, je révise et je m'entraîne sur des capacités du programme.

CAPACITÉS MOBILISÉES
- **Maîtriser** et utiliser des repères chronologiques et spatiaux.
- **Identifier** les ruptures chronologiques.
- **Mémoriser** et s'approprier les notions.

1. Questions de connaissances

1 Datez et racontez les événements suivants.

Chute du mur de Berlin en ....

....

....

....

....

....

....

....

....

....

Attentats du 11 septembre ....

....

....

....

....

....

....

....

....

....

2 Définissez les expressions suivantes :

> Guerre froide : ....

....

....

....

> Équilibre de la terreur : ....

....

> Non-alignement : ....

....

2. Étude d'une situation historique : le début de la guerre froide

Doc. 1 Extrait du discours de Winston Churchill (Fulton, 5 mars 1946)

Le 5 mars 1946, l'ex-Premier ministre britannique Winston Churchill prononce un discours au Westminster College, à Fulton (Missouri, États-Unis), en présence du président américain Truman.

Une ombre est tombée sur les scènes qui avaient été si clairement illuminées récemment par la victoire des Alliés. Personne ne sait ce que la Russie soviétique et son organisation communiste internationale ont l'intention de faire dans l'avenir immédiat, ni où sont les limites, s'il en existe, de leurs tendances expansionnistes et prosélytiques. J'éprouve une profonde admiration et un grand respect pour le vaillant peuple russe et pour mon camarade de combat, le maréchal Staline. [...] Il est toutefois de mon devoir, car je suis sûr que vous souhaitez que je vous expose les faits tels que je les vois, de dérouler devant vous certains faits sur la situation présente en Europe.

De Stettin dans la Baltique jusqu'à Trieste dans l'Adriatique, un rideau de fer est descendu à travers le continent. Derrière cette ligne se trouvent toutes les capitales des anciens États de l'Europe centrale et orientale. Varsovie, Berlin, Prague, Vienne, Budapest, Belgrade, Bucarest et Sofia, toutes ces villes célèbres et les populations qui les entourent se trouvent dans ce que je dois appeler la sphère soviétique, et toutes sont soumises, sous une forme ou sous une autre, non seulement à l'influence soviétique, mais aussi à un degré très élevé et, dans beaucoup de cas, à un degré croissant, au contrôle de Moscou.

Extrait du discours de Winston Churchill, Fulton, 5 mars 1946.

#audio
5 mars 1946 : le discours du « Rideau de fer » – 6 min
foucherconnect.fr/21hgc016

Doc. 2 La doctrine Truman

Le 12 mars 1947, le président des États-Unis, Harry Truman, prononce devant le Congrès américain un discours qui précise l'orientation générale de la politique étrangère américaine.

« Au moment présent de l'histoire du monde, presque toutes les nations se trouvent placées devant le choix entre deux modes de vie. Et trop souvent, ce choix n'est pas un libre choix. L'un de ces modes de vie est fondé sur la volonté de la majorité. Ses principaux caractères sont des institutions libres, des gouvernements représentatifs, des élections libres, des garanties données à la liberté individuelle, à la liberté de parole et du culte et à l'absence de toute oppression politique. Le second mode de vie est basé sur la volonté d'une minorité imposée à la majorité. Il s'appuie sur la terreur et l'oppression, sur une radio et une presse contrôlées, sur des élections dirigées et sur la suppression de la liberté personnelle. Je crois que les États-Unis doivent pratiquer une politique d'aide aux peuples libres qui résistent actuellement aux manœuvres de certaines minorités armées ou à la pression extérieure. »

Extrait du discours de Harry Truman, Washington, 12 mars 1947.

Doc. 3 La doctrine Jdanov

Le 22 septembre 1947, Andreï Jdanov, 3e secrétaire du parti communiste soviétique, énonce les principes de la « doctrine Jdanov ».

« Les États-Unis sont la principale force dirigeante du camp impérialiste.

L'Angleterre et la France sont unies aux États-Unis [...]. Le camp impérialiste est soutenu aussi par des États possesseurs de colonies, tels que la Belgique et la Hollande, et par des pays au régime réactionnaire anti-démocratique, tels que la Turquie et la Grèce. [...] Les forces anti-impérialistes et antifascistes forment l'autre camp. L'URSS et les pays de la démocratie nouvelle en sont le fondement. Les pays qui ont rompu avec l'impérialisme et qui se sont engagés résolument dans la voie du progrès démocratique, tels que la Roumanie, la Hongrie, la Finlande, en font partie. »

Extrait du discours d'Andreï Jdanov, devant la Conférence d'information des partis communistes, Pologne, 22 septembre 1947.

... VERS L'EXAMEN

1 Doc. 1 Identifiez le contexte historique de ce discours.

....

....

....

2 Doc. 1 Expliquez ce que dénonce Churchill.

....

....

3 Doc. 2 et 3 Comparez les deux textes.

	Doc. 2	Doc. 3
Auteur		
Fonction		
Description de la politique suivie par le camp adverse		
Description de la politique suivie dans son propre pays		

4 Doc. 1 Soulignez la phrase du doc 1 qui peut symboliser la division du monde en 1947.

5 Doc. 1 à 3 En vous appuyant sur vos connaissances, expliquez dans un texte organisé les conséquences historiques de l'opposition idéologique des deux superpuissances.

....

....

....

....

....

....

THÈME 2

Histoire

Vivre en France en démocratie depuis 1945

Depuis 1944 et le rétablissement de la république, les principes démocratiques qui la fondent sont restés inchangés, même si les institutions républicaines ont évolué. Parallèlement, la société française et le monde du travail ont connu de profondes transformations.
Quelles formes institutionnelles prend la république durant cette période ? Comment les Françaises et les Français ont-ils vécu ces mutations ?

Je DÉCOUVRE

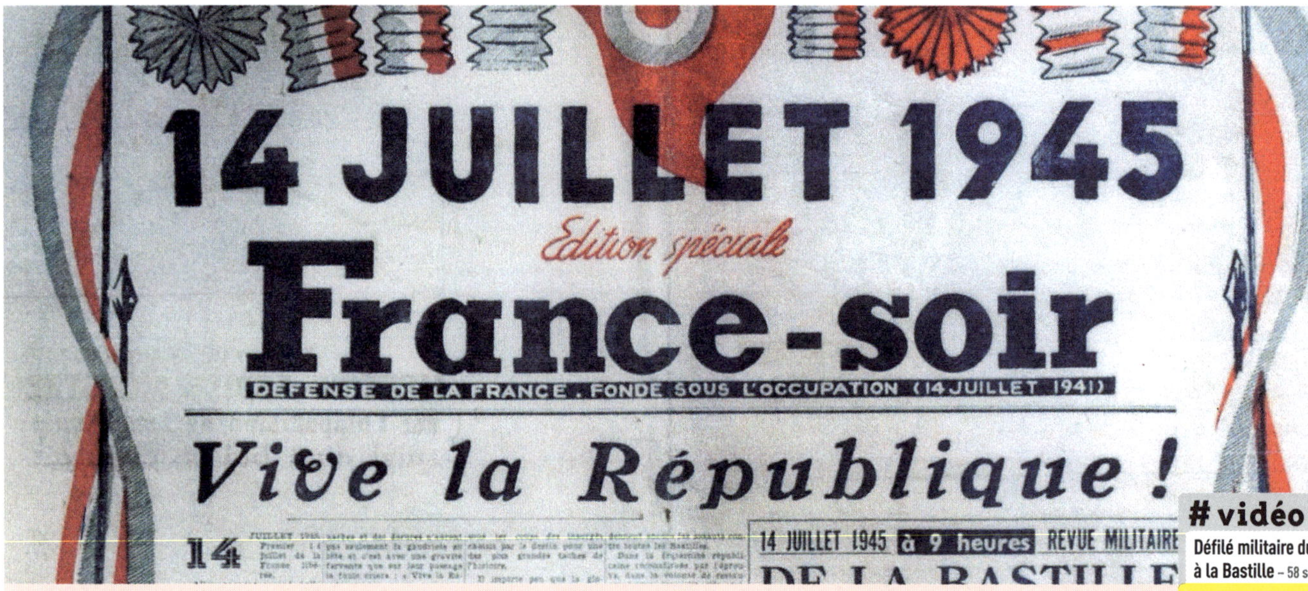

 # vidéo
Défilé militaire du 14 juillet 1945 à la Bastille – 58 sec
foucherconnect.fr/21hgc017

14 juillet 1945. Premier 14 juillet de la France libérée. [...]
« Vive la République ! »
Non, ce 14 juillet ne sera pas célébré à la bonne franquette. [...] Il y aura bien des bals, des feux d'artifice, des concerts et une revue. Mais [...] si dans les fiévreuses journées de l'été dernier, toutes frissonnantes de sa révolte, le peuple a reconquis la France, [...] c'est la République qu'il retrouve en ce jour symbolique.
[...] S'unir pour que ce 14 juillet soit à la fois une affirmation et un point de départ. [...] Protéger des institutions sans lesquelles – on l'a bien vu – la France n'est plus la France. Un point de départ vers d'autres conquêtes pour une vie plus libre, plus heureuse et plus noble.

Extraits de la une de *France Soir* du 14 juillet 1945, rédigée par Maurice Felut, rédacteur en chef du journal *France Soir*, anciennement Défense de la France, fondé sous l'Occupation (14 juillet 1941) par un groupe d'étudiants parisiens.
Jean-Michel Comte, 7 juillet 2015.

- **Rappelez les événements historiques qui, selon l'auteur de l'article, font de ce 14 juillet une célébration particulière.**

....

....

- **Relevez sur l'image les symboles de la continuité républicaine.**

....

....

- **Soulignez dans le texte les mots qui évoquent les aspirations du peuple français.**

Je me REPÈRE

Placez sur la frise chronologique les événements suivants :
Proclamation de la Ve République ; Les femmes sont électrices et éligibles ; Élection du président de la République au suffrage universel direct ; Loi Veil sur l'interruption volontaire de grossesse.

....	1950	....	1962	Mai 1968	1975	1985
....	Salaire minimum interprofessionnel garanti	....	....	Grèves ouvrières et manifestations	....	Création du baccalauréat professionnel

Je COMPRENDS

Depuis la fondation de la IIIe République, la culture politique française est fondée sur un modèle républicain dont la clé de voûte est la prééminence absolue du Parlement, constitué des élus du peuple souverain [...] Or, la Constitution de la Ve République [...] prend l'exact contre-pied de ces conceptions. Sans doute reproduit-elle dans son titre 1 le principe républicain de base selon lequel la souveraineté appartient au peuple qui l'exerce au suffrage universel [...].
Mais dès le titre 2, consacré au président de la République [...], la primauté hiérarchique de ce dernier est affirmée. [...] La nouveauté réside [...] dans les armes dont il dispose pour imposer ses vues : le droit de dissoudre l'assemblée nationale, celui de soumettre à référendum tout projet de loi portant sur l'organisation des pouvoirs publics et la possibilité de prendre des pouvoirs exceptionnels en cas de menace sur les institutions [...]. La période gaullienne s'est déroulée tout entière durant les années de forte croissance des « Trente Glorieuses ». L'expansion économique de ces années permet une forte modernisation de l'économie française, encadrée et stimulée par l'État.

Serge Berstein, La Documentation photographique « *Le Gaullisme* » -n° 8050, © Direction de l'Information Légale et Administrative, 2006.

1 **Classez dans le tableau suivant les éléments qui, d'après l'historien Serge Berstein, définissent la Ve République.**

Des principes témoignant de la continuité du modèle républicain...	...mais des conceptions introduisant une rupture avec les institutions des IIIe et IVe Républiques	La situation économique dans laquelle la Ve République s'est enracinée
....	....	....

ÉTUDE 1

Quelle république pour la France ?

CAPACITÉS

- **Identifier** les notions dans une ou plusieurs situations.
- **Situer** une réforme institutionnelle dans son contexte pour l'expliquer.
- **Questionner** et analyser un texte historique.

À la Libération, la volonté de doter la France d'institutions durables s'affirme. Pourtant, la IVe République laisse place à la Ve au bout de 12 années seulement. Comment expliquer la brièveté de la IVe République et, a contrario, la longévité de la Ve, sous laquelle Françaises et Français vivent encore aujourd'hui ?

1 La IVe République et la naissance de l'État providence

Doc. 1 La IVe République, une république sociale

Le 13 octobre 1946, Françaises et Français ratifient par référendum le projet constitutionnel adopté le 30 septembre par l'Assemblée constituante. La IVe République met en actes les réformes définies par le Conseil national de la Résistance dès 1944.

Au lendemain de la victoire remportée par les peuples libres sur les régimes qui ont tenté d'asservir et de dégrader la personne humaine, le peuple français proclame à nouveau que tout être humain, sans distinction de race, de religion ni de croyance, possède des droits inaliénables et sacrés. Il réaffirme solennellement les droits et libertés de l'homme et du citoyen consacrés par la Déclaration des droits de 1789 et les principes fondamentaux reconnus par les lois de la République.

Il proclame, en outre, comme particulièrement nécessaires à notre temps, les principes politiques, économiques et sociaux ci-après :

La loi garantit à la femme, dans tous les domaines, des droits égaux à ceux de l'homme.

Chacun a le devoir de travailler et le droit d'obtenir un emploi. [...] Nul ne peut être lésé, dans son travail ou son emploi, en raison de ses origines, de ses opinions ou de ses croyances [...].

La nation assure à l'individu et à la famille les conditions nécessaires à leur développement.

Elle garantit à tous, notamment à l'enfant, à la mère et aux vieux travailleurs, la protection de la santé, la sécurité matérielle, le repos et les loisirs.

Tout être humain qui, en raison de son âge, de son état physique ou mental, de la situation économique, se trouve dans l'incapacité de travailler a le droit d'obtenir de la collectivité des moyens convenables d'existence.

La nation proclame la solidarité et l'égalité de tous les Français devant les charges qui résultent des calamités nationales.

La nation garantit l'égal accès de l'enfant et de l'adulte à l'instruction, à la formation professionnelle et à la culture. L'organisation de l'enseignement public gratuit et laïque à tous les degrés est un devoir de l'État.

Constitution de 1946, IVe République, Préambule, Conseil constitutionnel.

1 Doc. 1 **Nommez l'événement historique auquel l'Assemblée constituante se réfère pour légitimer les institutions de la IVe République.**

....

2 Doc. 1 **Soulignez en bleu les paragraphes du texte qui mettent en place un nouvel ordre social, en rouge celui qui affirme le principe de démocratisation culturelle.**

3 Doc. 1 **On qualifie d'État providence un État qui met en place des mécanismes de protection sociale pour sa population. Montrez en quoi les institutions de la IVe République répondent à cette définition en donnant des exemples de la mise en place d'un État providence.**

....

....

....

....

....

....

....

Doc. 2 La sécurité sociale, une mesure sociale fondamentale

Avec Pierre Laroque (directeur de la Sécurité sociale de 1944 à 1951), Ambroise Croizat participe à l'élaboration de la loi sur la sécurité sociale de 1944 et est en charge de sa mise en œuvre en tant que ministre du Travail et de la Sécurité sociale (entre 1946 et 1947).

La sécurité sociale est une unité [qui] s'affirme d'abord sur le plan financier, car il s'agit d'aménager une redistribution partielle du revenu national. [...] Il s'agit toujours d'opérer un prélèvement sur les revenus de la masse pour couvrir l'insuffisance des ressources de certains.
Enfin, [cette unité] s'affirme sur le plan social, il s'agit toujours, en effet, d'apporter des moyens d'existence à des familles manquant de ressources, de sauvegarder le capital humain du pays par la prévention de la maladie et de l'invalidité.

Discours d'Ambroise Croizat devant l'Assemblée nationale constituante, 8 août 1946.

4 Doc. 2 **Complétez le tableau ci-dessous.**

Les objectifs de la sécurité sociale	Son financement
....	....
....	....
....	....
....	....

5 Doc. 2 **Relevez, dans l'affiche, les éléments qui illustrent graphiquement ce principe de solidarité.**

....

....

....

 # vidéo
La sécurité sociale a 20 ans – 1,39 min
foucherconnect.fr/21hgc018

Doc. 3 La IVe République, une république fragile ?

La IVe République est dès sa création confrontée aux guerres de décolonisation, d'abord en Indochine, puis en Algérie. En mai 1958, une violente crise politique la secoue, amenant le retour au pouvoir du général de Gaulle.

La IVe République est née avec la guerre d'Indochine. Elle s'efface avec la guerre d'Algérie*. [...] Bien avant l'inévitable investiture du général, le système parlementaire ne fonctionnait plus normalement. [...] Des gouvernements faibles ou divisés [...] ; des ministres vite découragés [...] ; des députés désabusés [...] ou désespérés [...] : tel était bien l'état du régime.
La IVe République - et c'est là son grand, son seul mérite peut-être - a voulu et su renouveler, moderniser l'équipement de base du pays, et rattraper ainsi le retard dû non seulement aux deux guerres mais à la paresse de la IIIe.

* 1954-1962. Elle s'achève sous la Ve République avec les accords d'Évian signés le 19 mars 1962 et la reconnaissance de l'indépendance de l'Algérie le 3 mai 1962.

Jacques Fauvet, « La République. Hier », *Le Monde*, 4 juin 1958.

 # vidéo
La guerre d'Algérie en 3 min, le retour du général de Gaulle – 3,14 min
foucherconnect.fr/21hgc019

6 Doc. 3 **Dites quelles sont, pour Jacques Fauvet, les raisons de l'échec de la IVe République et du retour au pouvoir du général de Gaulle.**

....

....

....

....

....

....

....

....

....

....

....

....

2 La Ve République s'ancre dans la durée

Doc. 1 Le président au cœur de la Ve République

Les citoyens approuvent par référendum en septembre 1958 une nouvelle Constitution qui marque la naissance d'une république repensée. La Constitution de la Ve République est promulguée le 4 octobre 1958. Le général de Gaulle en est le premier président. En 1962, il fait approuver, par référendum, l'élection du président de la République au suffrage universel direct. La Ve République a aujourd'hui 62 ans. Elle a connu des évolutions institutionnelles, sans que son existence ne soit réellement remise en cause.

Suivant la Constitution, le président est garant [...] de l'indépendance et de l'intégrité du pays [...]. Il répond de la France. D'autre part, il lui appartient d'assurer la continuité de l'État et le fonctionnement des pouvoirs. [...] C'est lui qui désigne les ministres et, d'abord, choisit le premier. C'est lui qui réunit et préside leurs Conseils. C'est lui qui [...] prend, sous forme de décrets ou d'ordonnances, toutes les décisions importantes de l'État. [...] Dans les domaines essentiels de la politique extérieure et de la sécurité nationale [...] en vertu de la Constitution, il négocie et conclut les traités, puisqu'il est le chef des armées, puisqu'il préside à la défense. [...] Certes, le Parlement délibère et voit les lois. [...] Mais [...] le président détient en permanence la possibilité de recourir au pays, soit par la voie du référendum, soit par celle de nouvelles élections. [...] En somme, comme vous le voyez, un des caractères essentiels de la Constitution de la Ve République, c'est qu'elle donne une tête à l'État.

Allocution radiotélévisée du général de Gaulle, 20 septembre 1962.

1 Doc. 1 Soulignez en rouge les fonctions du président sous la Ve République.

2 Doc. 1 Expliquez la dernière phrase du discours.

Doc. 2 Quelle adhésion des Français au régime présidentiel ?

 # vidéo
Le référendum du 28 octobre 1958 – 1,22 min
foucherconnect.fr/21hgc020

Participation au 1er tour des élections présidentielles et législatives de 1965 à 2017 en % des inscrits. Les élections présidentielles ont lieu tous les 5 ans depuis la réforme du quinquennat de 2002.

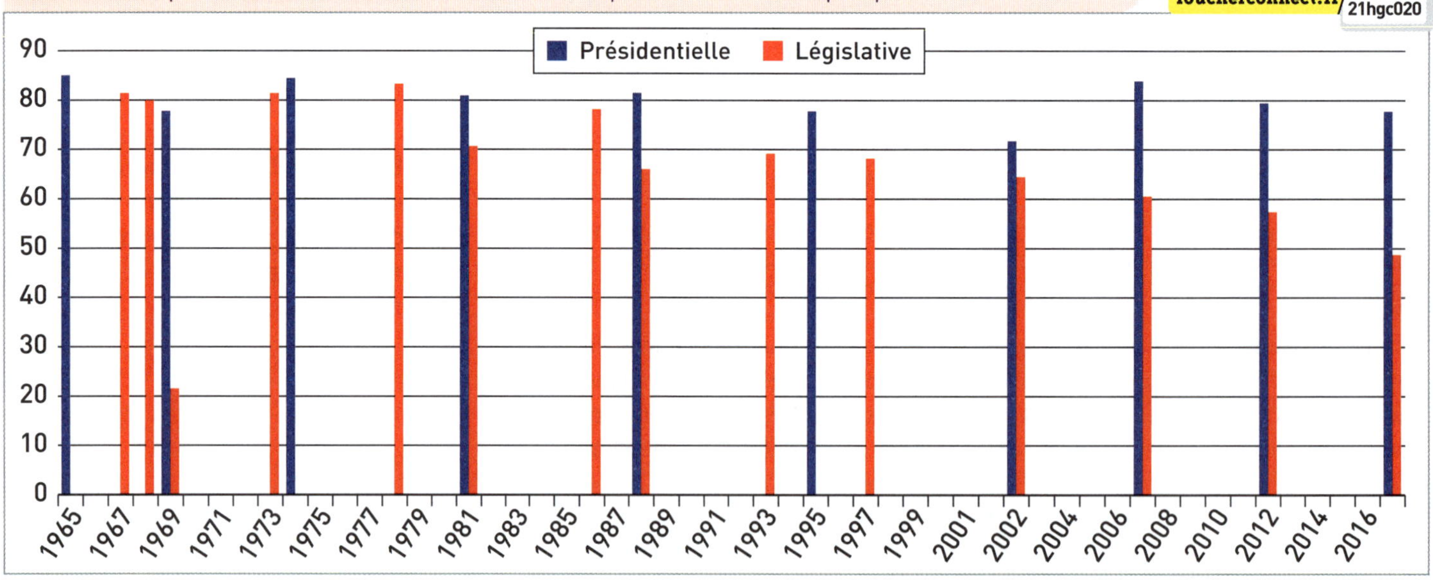

D'après www.france-politique.fr.

3 Doc. 2 Analysez l'évolution des taux de participation aux élections présidentielles et législatives durant cette période. Que peut-on en conclure ?

Doc. 3 Des institutions stables au-delà des divisions politiques

Entre 1986 et 2002, la vie politique est marquée par 3 périodes de cohabitation. La réforme de 2002 réduit à 5 ans le pouvoir présidentiel et fait coïncider élections présidentielles et élections législatives.

Pour la première fois la majorité parlementaire relève de tendances politiques différentes de celles qui s'étaient rassemblées lors de l'élection présidentielle, ce que la composition du gouvernement exprime, comme il se doit.
Devant un tel état de choses [...] beaucoup de nos concitoyens se posent la question de savoir comment fonctionneront les pouvoirs publics. À cette question, je ne connais qu'une réponse [...] : la Constitution, rien que la Constitution, toute la Constitution. [...]
Fonctionnement régulier des pouvoirs publics, continuité de l'État, indépendance nationale, intégrité du territoire, respect des traités, l'article 5 désigne [...] les domaines où s'exerce son autorité ou bien son arbitrage. À quoi s'ajoute l'obligation pour lui de garantir l'indépendance de la justice et de veiller aux droits et libertés définis par la Déclaration de 1789 et le préambule de la Constitution de 1946.
Le gouvernement, de son côté, a pour charge [...] de déterminer et de conduire la politique de la nation. Il assume, sous réserve des prérogatives du président de la République et de la confiance de l'Assemblée, la mise en œuvre des décisions qui l'engagent devant les Français. [...]
Cela étant clairement établi, président et gouvernement ont à rechercher, en toutes circonstances, les moyens qui leur permettront de servir au mieux et d'un commun accord les grands intérêts du pays.

Message de M. François Mitterrand, président de la République, adressé au Parlement, à l'occasion de l'ouverture de la session parlementaire, sur les pouvoirs respectifs du président de la République, du gouvernement et du Parlement, Paris, mercredi 8 avril 1986.

1981-1988 : François Mitterrand
Président de la République issu du Parti socialiste

1981-1986 : Parlement à majorité de gauche

1986-1988 : Parlement à majorité de droite

4 Doc. 3 **Faites une recherche concernant les trois périodes de cohabitation : dates, acteurs, camps politiques respectifs, sur le site suivant : www.vie-publique.fr. Présentez ensuite au reste de la classe les résultats de votre recherche sous la forme d'une frise chronologique numérique.**

 # lien
www.vie-publique.fr
foucherconnect.fr/21hgc021

1986-1988	1993-	.... - ....
Un président de gauche. Un Parlement à majorité de	Un président de .... Un Parlement	....

5 Doc. 3 **Cochez la bonne réponse.**

Face à la situation inédite à laquelle il est confronté, le président :

- ☐ considère qu'il n'est plus en situation d'exercer son mandat.
- ☐ entend aller au terme de son mandat en assumant toutes ses fonctions.
- ☐ affirme la prééminence de sa fonction sur celle du gouvernement.

Je fais le point sur... Quelle république pour la France ?

→ ***Dites pour quelle raison la Ve République s'avère plus stable que la IVe.***

....

....

....

Naissance et affirmation de la société de consommation

CAPACITÉS

- **Identifier** les notions dans une ou plusieurs situations.
- **Analyser** une affiche et son point de vue particulier.
- **Réaliser** une carte mentale mettant en relation les acteurs, les aspects et les limites d'un phénomène de société.

En 1979, pour qualifier la période de croissance économique qui s'installe progressivement en France entre la fin de la Seconde Guerre mondiale et le milieu des années 1970, l'économiste Jean Fourastié utilise l'expression passée à la postérité de « Trente Glorieuses ». Comment se traduit cette croissance économique dans la vie des Françaises et des Français ? Tous et toutes en bénéficient-ils de la même façon ?

1 Après la guerre, reconstruire et moderniser

Doc. 1 « Retroussons nos manches »

Affiche d'octobre 1945, Havas.

Doc. 2 L'État, acteur du redressement économique

De 1944 à 1946, inspirés par le programme du Conseil national de la Résistance (CNR), le gouvernement provisoire puis la IVe République multiplient les nationalisations dans les secteurs clés de l'économie ainsi que pour certaines entreprises ayant collaboré avec l'occupant, comme le constructeur automobile Renault.

Les nationalisations*	
1944	– Les Houillères du Nord et du Pas-de-Calais – La marine marchande
1945	– L'entreprise Renault – Les usines d'aviation Gnome et Rhône – Air France – La banque de France et 4 banques de dépôts
1946	– 34 compagnies d'assurances – L'ensemble des charbonnages de France – Le gaz et l'électricité

* Nationaliser, c'est transférer à l'État la propriété de certains biens ou moyens de production.

1 Doc. 1 et 2 Dites quels sont les secteurs de l'économie concernés par les nationalisations et expliquez pourquoi.

....

....

....

....

2 Doc. 1 Dites quels sont les objectifs de cette affiche.

....

....

3 Doc. 1 En vous appuyant sur les éléments chiffrés, rédigez un paragraphe présentant la situation de la France à l'issue de la guerre et les progrès réalisés dès 1945.

....

....

....

....

Doc. 3 L'aide économique américaine à la reconstruction : le plan Marshall

En 1947, les États-Unis décident d'accorder une aide économique massive aux pays européens détruits par la guerre et dont la relance économique s'avère difficile, c'est le plan Marshall.

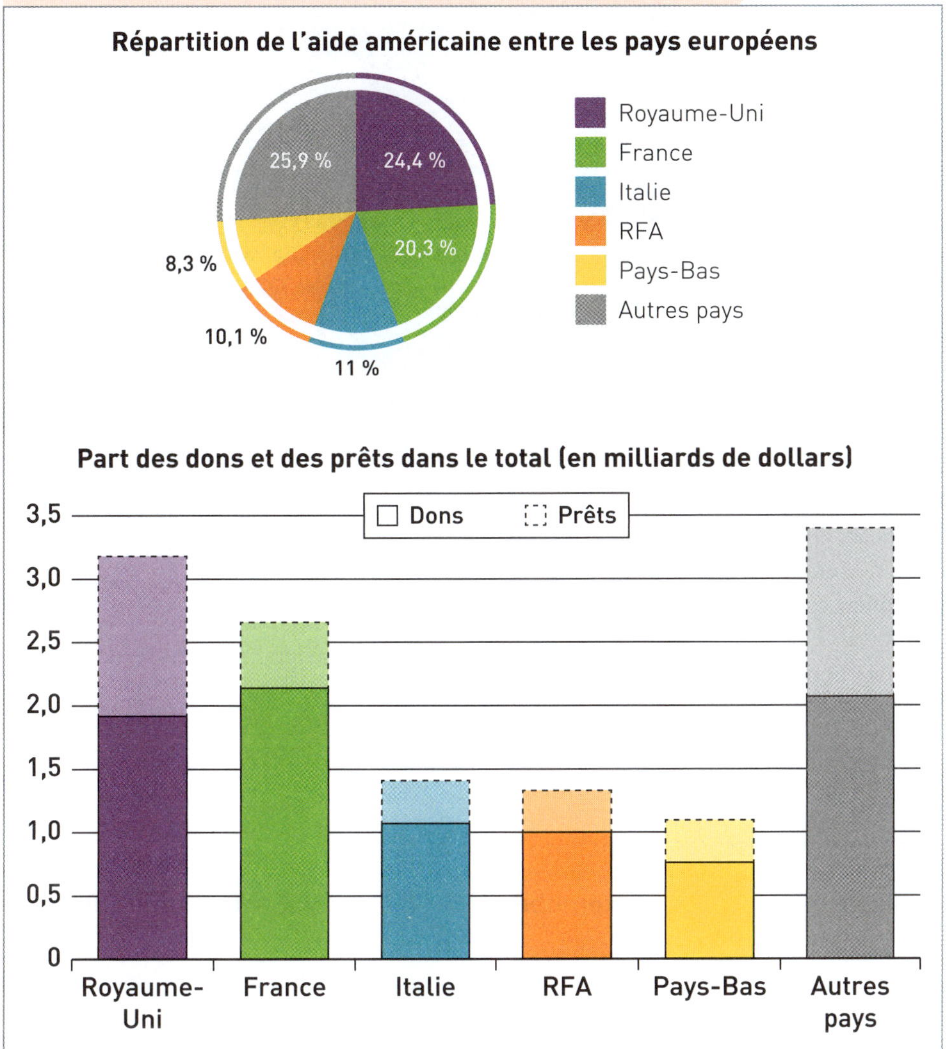

« L'aide économique à la reconstruction : le plan Marshall », *L'Histoire*, n° 151, janvier 1992.

4 Doc. 3 Nommez les deux pays qui profitent le plus de l'aide financière américaine.

....

....

5 Doc. 3 Précisez la forme prise par cette aide pour la France.

....

....

6 Doc. 1 à 3 Énumérez les moyens utilisés pour relancer l'économie française d'après-guerre.

....

....

....

....

....

....

....

....

....

Doc. 4 Moderniser : l'essor de la mécanisation agricole

*en milliers	1948	1955	1970
Tracteurs	107	305	1 269
Moissonneuses-batteuses	5	18	105
Part des agriculteurs dans la population active		27 % (en 1954)	14 %

Source : Agreste, recensement agricole et enquêtes structures 1997, et SCEES.

7 Doc. 4 Analysez l'évolution de la mécanisation de l'agriculture depuis 1948 et mettez-la en relation avec l'évolution de la part des agriculteurs dans la population active.

....

....

....

....

....

2 Tous consommateurs ?

Doc. 1 L'essor de la consommation des ménages

[*En 1947*], Richard, 14 ans, [...] entre comme apprenti chez un chaudronnier d'art. [...] Son CAP de serrurier fait de lui en 1950 un ouvrier qualifié. [...] Après son mariage en 1954, sa femme prend un travail chez un fabricant de baigneurs*. En 1958, elle apporte au ménage [...], en multipliant les heures supplémentaires, de quoi acheter le mobilier. [...]
« C'est vers 1960 que j'ai senti ma situation s'améliorer » dit-il. Cette année-là [...] il fête un grand événement, sa première voiture, une 2 CV achetée d'occasion, à crédit. [...] Le frigo et la télé viennent aussi à cette époque. Richard comprend que le crédit lui permet d'améliorer son sort un peu plus vite, mais [...] prudent n'en prend jamais qu'un seul à la fois. Il s'émerveille sur la 3 CV achetée en 1965, neuve cette fois, soit près de six mois de son salaire. [...] En 1970, Richard gravit un nouvel échelon en achetant une GS (une Citroën du milieu de gamme). [...] En 1975, une GS Pallace avec toutes les options lui coûte [...] près de 8 mois de salaire. Martine, née en 1958, et Sandrine, née en 1966, découvrent pour la première fois les grandes vacances lointaines dans la caravane en 1974 ; objectif, le même chaque année : le camping municipal de Narbonne.

* Petites poupées représentant un bébé.

« Demain la France », © *L'Expansion*, novembre 1985.

Une 2 CV Citroën présentée pour la première fois au public, dans le cadre du Salon de l'automobile, au Grand Palais, à Paris, le 7 octobre 1948. Conçue, selon la firme, pour un public « rural et aux faibles revenus », elle a été fabriquée jusqu'en 1990 et il s'en est vendu plus de cinq millions.
En 1960, 30,2 % des ménages possèdent une voiture, pour 70 % au début des années 1980.

Chiffres in J.-C. Daumas, *La Révolution matérielle*, Flammarion, octobre 2018, avec l'aimable autorisatio des Éd. Flammarion.

1 Doc. 1 Classez dans le tableau les acquisitions successives de Richard et de sa famille.

Année	Équipement de la maison	Automobile	Vacances annuelles
1958			
1960			
1965			
1970			
1974			
1975			

2 Doc. 1 Dites ce qui a rendu possible, pour Richard, cette entrée dans la société de consommation.

....

3 Doc. 1 L'expression « société de consommation » apparaît à la fin des années 1960 et désigne un mode de vie basé sur le renouvellement régulier des biens matériels et services utilisés par les ménages. À votre avis, quel équipement illustre le mieux l'entrée de cette famille dans la « révolution matérielle » caractérisant cette époque ?

....

4 Doc. 1 Par groupe de trois : réalisez un reportage auprès des « anciens » de votre entourage ou de votre commune pour rassembler des informations sur la date d'acquisition et la nature de certains de leurs biens d'équipement (ex. : téléphone fixe et 1er portable, 1re télévision couleur, 1er ordinateur...), puis restituez le résultat de vos recherches sous la forme d'un exposé à l'ensemble de la classe.

 # vidéo
Les nouveautés présentées au Salon des arts ménagers 1949 – 0,58 min
foucherconnect.fr/21hgc022

Doc. 2 Moulinex « libère la femme » ?

Publicité des usines Moulinex, années 1960.

5 Doc. 2 **Décrivez l'image (personnages et objets représentés).**

....

....

....

....

6 Doc. 2 **Dites quelle représentation de la femme véhicule cette publicité.**

....

....

....

7 Doc. 2 **Observez le texte du bandeau du bas de l'affiche. Quelles indications nous fournit-il sur le mode de production de l'époque et les objectifs commerciaux de l'entreprise ?**

....

....

Doc. 3 Les exclus de la croissance

[...] À côté des bénéficiaires de l'augmentation constante du niveau de vie il y a plusieurs millions d'hommes dans ce pays qui continuent à vivre dans la pauvreté ou l'indigence. On compte qu'environ deux millions de salariés gagnent moins de 500 F par mois. Beaucoup d'entre eux sont des étrangers : Nord-Africains, Noirs ou Portugais, mais on trouve aussi dans cette catégorie de nombreux Français et surtout des Françaises.

Ces « parias de la nation » ne constituent pas la seule couche défavorisée ; on doit y ajouter les « vaincus de la prospérité », parmi lesquels les travailleurs âgés de plus de quarante-cinq ans ayant perdu leur emploi forment un groupe important.

Extrait d'un article de François Honti au sujet de la parution d'un ouvrage de P.-M. de la Gorce, *La France pauvre*, octobre 1965, D.R.

8 Doc. 3 Soulignez les catégories sociales considérées par l'auteur de l'article comme les « laissées pour compte » de la croissance.

 # vidéo
Mai 68 expliqué en 1 min – 1,09 min
foucherconnect.fr/21hgc023

Je fais le point sur… Naissance et affirmation de la société de consommation

→ ***Réalisez une carte mentale mettant en lien les aspects, les acteurs, mais aussi les limites de la société de consommation durant les « Trente Glorieuses ».***

Époque : ....

Conditions économiques

....

....

....

→

....

....

....

....

→

Conséquences ....

....

→

....

....

....

ÉTUDE 3

Vivre en France entre croissance et crises :

les défis de la fin du XXe et du début du XXIe siècle

CAPACITÉS
- **Situer** un document dans son contexte pour l'expliquer.
- **Compléter** un schéma simple ; questionner et analyser un texte historique.

Dès la fin des années 1960, la croissance s'essouffle et le chômage s'installe durablement dans une France membre de l'Europe et plus largement ouverte au monde. Comment les Françaises et les Français font-ils face à ces nouveaux défis ?

1 L'élévation du niveau de formation et les mutations de l'emploi

Doc. 1 L'évolution de la proportion de bacheliers par classe d'âge depuis 1966

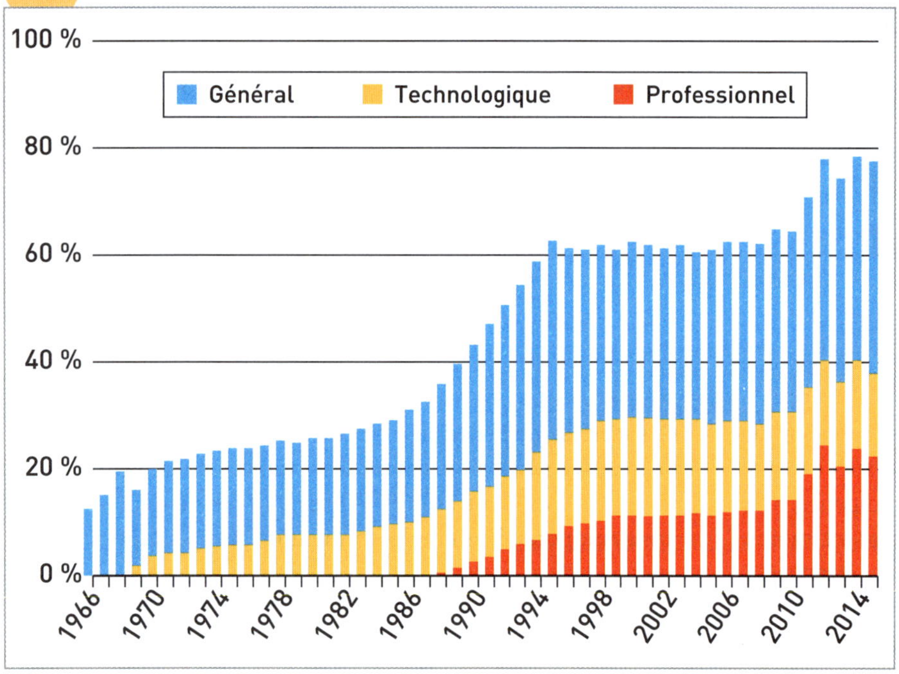

Ministère de l'Éducation nationale.

1 Doc. 1 Comparez la part des Français ayant obtenu le bac en 1966 et en 2014.

....

....

....

2 Doc. 1 Analysez la proportion de bac Pro entre 1988 (date de la première promotion de diplômés) et 2014. Que pouvez-vous en conclure ?

....

....

....

....

....

....

Doc. 2 Assurer la cohésion sociale pour « les victimes de la nouvelle pauvreté »

À la fin des années 1970, le chômage de masse s'installe durablement en France (de 3 % de la population active en 1975, il passe à plus de 8 % au début des années 2000). Réélu en mai 1988, le président François Mitterrand charge son Premier ministre Michel Rocard de mettre en place « un revenu minimum ». La loi instituant le RMI est adoptée à l'unanimité moins 3 voix, le 1er décembre 1988. En 2008, le RSA se substitue au RMI et s'ouvre à de nouveaux publics.

Instaurer un droit au revenu minimum est une innovation d'une portée considérable. Après la création de la sécurité sociale, puis sa généralisation, après l'instauration du minimum vieillesse* et des allocations-chômage**, c'est construire le dernier étage, franchir la dernière étape. [...] Il offrira à tous ceux qui en disposeront une nouvelle chance, un nouvel espoir. Une chance d'échapper à la misère. Une chance de retrouver sa place dans le monde des autres. C'est pourquoi le revenu minimum doit être étroitement lié à un effort d'insertion***.

* 1956 ; ** 1974 garantie de ressources d'une année pour les chômeurs ; *** les bénéficiaires doivent s'engager à participer à des activités favorisant leur insertion sociale ou professionnelle.

Michel Rocard, déclaration de politique générale, 29 juin 1988.

 # vidéo
Création du revenu minimum d'insertion (RMI) par Michel Rocard, Premier ministre – 1,11 min
foucherconnect.fr/21hgc024

3 Doc. 2 À quelle loi sociale fondamentale le Premier ministre compare-t-il la création du RMI ?

....

4 Doc. 2 Soulignez la contrepartie à laquelle s'engage le bénéficiaire de l'allocation.

Doc. 3 Répartition de l'emploi selon les catégories socioprofessionnelles depuis 1968

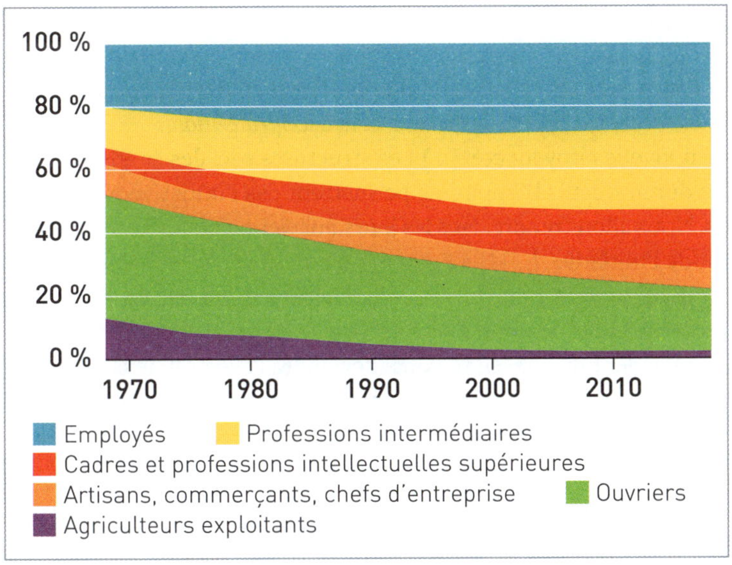

Insee, mai 2018.

Doc. 4 Actifs et actives

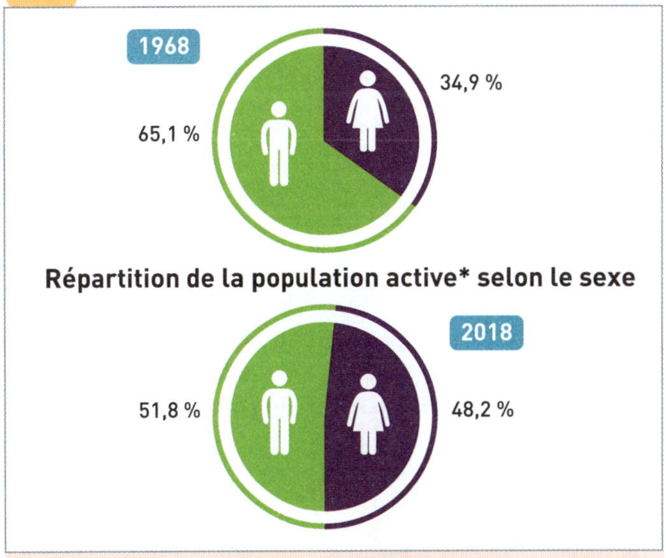

* La population active regroupe l'ensemble des personnes qui ont un emploi ou sont à la recherche d'un emploi.

5 Doc. 3 Complétez le tableau suivant.

Catégories en forte baisse entre 1968 et 2018	Catégories en forte hausse entre 1968 et 2018
....	....
....	....

6 Doc. 4 Dites quelle évolution on peut observer concernant la population active occupée entre 1968 et 2018.

....

Doc. 5 Cléon, usine pilote du groupe Renault

Dans l'usine de fabrication de moteurs et de boîtes de vitesses, les chefs d'atelier se déplacent avec une tablette à la main. Les ouvriers peuvent vérifier la production en cours sur de grands écrans. [...]. Cette avancée est rendue possible par l'installation du wifi dans cet atelier. [...]

Autre exemple de cette usine 4.0 : la multiplication de robots d'un nouveau genre. On les appelle les « cobots ». « *Ici, vous avez un robot collaboratif qui colle une étiquette, indique* [le] *chef du département assemblage.* [...] » Il n'y avait qu'un seul robot de ce type sur le site il y a cinq ans, contre 60 aujourd'hui. « *Ces robots-là,* [...] *je les dédie uniquement aux tâches à faible valeur ajoutée,* indique Benoît Cousset. *C'est-à-dire que je peux concentrer mes opérateurs sur des vissages complexes* » [...]. Des opérateurs sont donc désormais dédiés à des « *tâches nobles* », défend le manager.

Les robots n'ont pas remplacé les ouvriers de production, si l'on en croit la direction. « [...] *Cette usine est quand même passée de 3 000 à 5 300 personnes et* [...] *la performance, au contraire, amène du travail.*

Isabelle Raymond, *Radio France/France Info*, 08 juin 2017.

L'usine pilote du groupe Renault, en juin 2017, à Cléon, en Seine-Maritime.

7 Doc. 5 Soulignez en rouge les innovations technologiques qui font de l'usine de Cléon une usine pilote.

8 Doc. 5 Expliquez en quoi ces innovations ont transformé les emplois de l'atelier d'assemblage.

....

....

....

9 Doc. 5 Votre secteur professionnel a-t-il également été transformé par la numérisation de la production des biens ou des services ?

2 Moderniser les institutions pour répondre à de nouveaux défis

Doc. 1 Rapprocher les citoyens des centres de décision

Présentation des dispositifs de la région Occitanie.

Nommé Premier ministre au début du premier septennat de François Mitterrand, Pierre Mauroy précise dans un discours à l'Assemblée nationale les objectifs et les principes de la décentralisation.

Nous allons jeter les bases d'une nouvelle citoyenneté. [...] Les structures sociales et administratives qui n'ont en fait cessé de se durcir depuis l'Empire ne permettent pas l'initiative nécessaire pour affronter les nouveaux défis. Nous allons rendre dans les jours qui viennent, aux 500 000 élus les moyens de la responsabilité et de l'initiative. [...] [La France] doit, désormais, enraciner l'unité de la République dans la diversité et la responsabilité de ses collectivités locales. Tel est l'objet du premier projet de loi touchant aux structures de notre vie collective. [...] Dès l'adoption du projet de loi qui va vous être soumis*, le président du conseil régional deviendra l'exécutif de la région**. [...] Ainsi la nouvelle citoyenneté permettra-t-elle d'offrir à la démocratie quotidienne, partout où ce sera possible, de nouveaux espaces de liberté et de responsabilité.

* Les premières lois de décentralisation sont adoptées entre mars 1982 et juillet 1983. L'État se dessaisit de certaines compétences au bénéfice des communes, départements, régions et leur donne les moyens financiers de les assumer. D'autres étapes suivront jusqu'à la mise en place en janvier 2016 des 13 grandes régions aux pouvoirs accrus.

** Présidents des conseils départementaux et régionaux seront désormais élus au suffrage universel direct.

Extraits du discours de Pierre Mauroy à l'Assemblée nationale, 8 juillet 1981.

1 Doc. 1 Dites quel constat fait le Premier ministre concernant les structures administratives françaises. Qualifiez cette forme d'organisation.

....

....

#lien
Ex. du site Région Pays de la Loire : l'epass-jeun
foucherconnect.fr/21hgc025

2 Doc. 1 Soulignez en rouge les objectifs de la décentralisation en ce qui concerne les collectivités locales, en bleu les effets attendus pour les citoyens.

3 Doc. 1 Décrivez les éléments de l'affiche et dites comment la région illustre le rôle qu'elle entend jouer auprès des habitants d'Occitanie.

....

....

....

....

....

4 Doc. 1 Faites une recherche sur le magazine en ligne de votre région et donnez un exemple d'initiative régionale en direction des jeunes.

#vidéo
Loi sur la parité hommes-femmes dans les fonctions électives – 1,29 min
foucherconnect.fr/21hgc026

Doc. 2 La loi sur la parité

La loi relative à l'égal accès aux mandats électoraux et fonctions électives est adoptée juin 2000 ; elle est complétée en 2007, 2008 En 2014, la loi sur l'égalité réelle entre les femmes et les hommes vise à combattre les inégalités dans toutes les sphères (privée, professionnelle et publique).

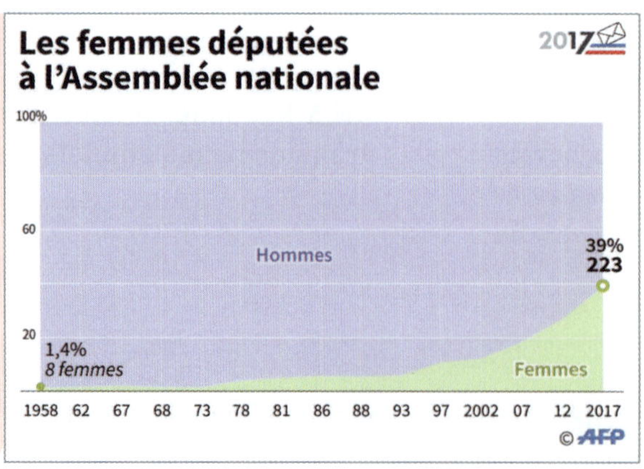

AFP, 2017.

5 Doc. 2 Analyser les effets de la loi de 2000 sur la composition de l'Assemblée nationale.

....

....

....

....

....

Doc. 3 L'environnement, un « impératif politique »

La protection de l'environnement est devenue un impératif éminemment politique. [...] Conjuguer le développement et le respect de l'environnement [...], voilà l'ambition que la France peut se fixer. [...] L'écologie, le droit à un environnement protégé et préservé doivent être considérés à l'égal des libertés publiques. Il revient à l'État d'en affirmer le principe et d'en assurer la garantie. Et je souhaite que cet engagement public et solennel soit inscrit par le Parlement dans une Charte de l'environnement* adossée à la Constitution et qui consacrerait les principes fondamentaux, cinq principes fondamentaux afin qu'ils soient admis au nombre des principes fondamentaux reconnus par les lois de la République [...].

* La rédaction de la Charte de l'environnement, portée par le président de la République Jacques Chirac, a été achevée en 2004. La loi constitutionnelle du 1er mars 2005 l'a intégrée dans la Constitution.

Discours de M. Jacques Chirac, président de la République, sur l'environnement, Orléans, 3 mai 2001.

Doc. 4 L'environnement, un enjeu sociétal

De laquelle des deux opinions êtes-vous la/le plus proche ?

En % des personnes interrogées

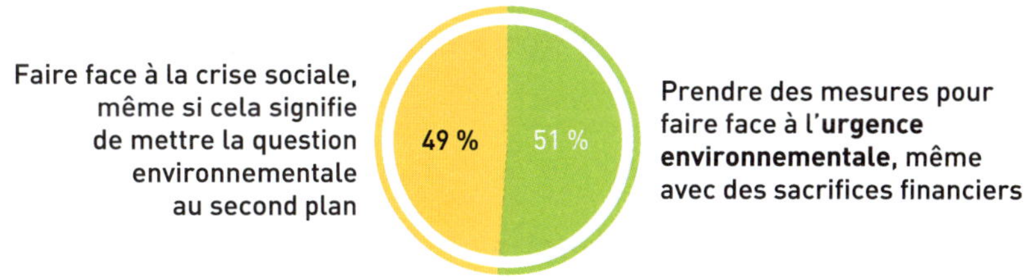

Quels sont les enjeux qui vous préoccupent le plus à titre personnel ?

En % des personnes interrogées

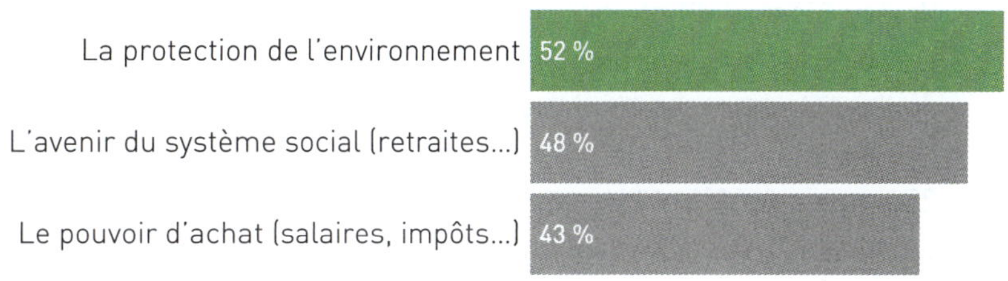

D'après Ipsos-Sopra Steria, 2019.

6 Doc. 3 Soulignez la phrase qui exprime, pour le président, le lien à établir entre économie et écologie.

7 Doc. 4 Résumez en une phrase les résultats du sondage.

....

....

 # lien La Charte de l'environnement
foucherconnect.fr/21hgc027

Je fais le point sur... Vivre en France entre croissance et crises : les défis de la fin du XXe et du début du XXIe siècle

→ *Complétez le schéma suivant.*

....

Accompagner les transformations du travail et élever le niveau de formation
Création du .... en ....

Assurer l'égal accès des femmes et des hommes aux mandats électoraux et fonctions électives
Première .... en ....

Mettre en place une citoyenneté de proximité
Premières lois de ....
en ....

Assurer la cohésion sociale
Création du ....
en ....

Assurer la protection de l'environnement
Création de .... en ....

DIFFÉRENCIATION

Les femmes et la conquête du droit à disposer de leur corps : la loi sur l'IVG

CAPACITÉS

- **Situer** un évènement dans son contexte pour l'expliquer.
- **Questionner** et analyser un texte historique.

CHOISISSEZ LE PARCOURS QUI VOUS CONVIENT LE MIEUX

Doc. 1 Discours de Simone Veil à l'Assemblée nationale le 26 novembre 1974 (extraits)

Dans les années 1970, les mouvements féministes revendiquent « l'avortement et la contraception libres et gratuits » face à une loi répressive et au recours aux avortements clandestins, facteurs de risques (médicaux, judiciaires, décès…) pour les femmes. Élu en avril 1974, le président de la République Valéry Giscard d'Estaing charge sa ministre de la Santé Simone Veil d'élaborer un projet de loi pour résoudre la question de l'avortement. La ministre présente son projet de loi à l'Assemblée nationale le 26 novembre 1974. Il est adopté après 25 heures de débat (au cours desquelles la ministre subit de nombreuses attaques personnelles de son propre camp politique), grâce au soutien des voix de l'opposition de gauche. Texte de compromis promulgué le 17 janvier 1975, à l'essai pour 5 ans, la loi n'est adoptée définitivement qu'en 1979, après de nouvelles mobilisations féministes.

 # vidéo
Simone Veil et son projet de loi relatif à l'IVG – 2,14 min
foucherconnect.fr/21hgc028

Si j'interviens aujourd'hui à cette tribune, ministre de la Santé, femme et non-parlementaire, pour proposer aux élus une profonde modification de la législation sur l'avortement, croyez bien que c'est […] en pleine conscience de la gravité des responsabilités que nous allons assumer ensemble.

Pourtant d'aucuns s'interrogent encore : une nouvelle loi est-elle nécessaire ? […] En quoi les choses ont-elles changé, qui oblige à intervenir ? La situation actuelle est mauvaise. […] Elle est mauvaise parce que la loi est ouvertement bafouée, pire même ridiculisée. Lorsque l'écart entre les infractions commises et celles qui sont poursuivies est tel qu'il n'y a plus à proprement parler de répression, c'est le respect des citoyens pour la loi, et donc l'autorité de l'État, qui sont mis en cause.

Lorsque des médecins, dans leurs cabinets, enfreignent la loi et le font connaître publiquement*, […], lorsque des services sociaux d'organismes publics fournissent à des femmes en détresse les renseignements susceptibles de faciliter une interruption de grossesse, lorsque, aux mêmes fins, sont organisés et même par charter des voyages à l'étranger**, alors je dis que nous sommes dans une situation de désordre et d'anarchie qui ne peut plus continuer. C'est à ce désordre qu'il faut mettre fin. C'est cette injustice qu'il convient de faire cesser. […]

Je voudrais d'abord vous faire partager une conviction de femme (je m'excuse de le faire devant cette assemblée presque exclusivement composée d'hommes) : aucune femme ne recourt de gaieté de cœur à l'avortement. Il suffit d'écouter les femmes. […]

En préparant le projet […] le gouvernement s'est fixé un triple objectif : faire une loi réellement applicable ; faire une loi dissuasive ; faire une loi protectrice. […]

Le gouvernement a estimé préférable d'affronter la réalité et de reconnaître qu'en définitive la décision ultime ne peut être prise que par la femme […]. Le projet prévoit donc diverses consultations qui doivent la conduire à mesurer toute la gravité de la décision qu'elle se propose de prendre […].

Cette intervention ne doit pas être pratiquée sans de strictes garanties médicales […]. [*Elle*] ne peut être que précoce. […] Il va de soi qu'aucun médecin ou auxiliaire médical ne sera jamais tenu d'y participer […]. [*Elle*] ne sera permise qu'en milieu hospitalier, public ou privé. […]

* Après la publication en 1971 d'un manifeste signé par 343 femmes qui déclarent publiquement avoir avorté, en 1973, 331 médecins signent un manifeste dans lequel ils déclarent publiquement avoir pratiqué des avortements.

** Au Royaume-Uni, l'avortement est légalisé en 1967.

Discours édité dans *Les hommes aussi s'en souviennent. Une loi pour l'Histoire*, suivi d'une interview de Simone Veil par la journaliste Annick Cojean, © Éditions Stock, 2004.

PARCOURS **autonome**

→ **Présentez le contexte dans lequel la ministre de la Santé est amenée à proposer son texte de loi, l'argument majeur qu'elle avance pour convaincre les députés à l'adopter et montrez en quoi, compte tenu des revendications féministes de l'époque, il s'agit d'un texte de compromis.**

PARCOURS **accompagné**

1 → **Rappelez à qui la ministre de la Santé s'adresse dans son discours. Dans quel but ?**

2 → **Relevez les entorses faites à la loi sur l'avortement, évoquées par la ministre.**

3 → **Choisissez la phrase qui correspond à l'argument majeur avancé par Simone Veil pour justifier son projet de loi.**

- ❑ Il faut changer la loi pour satisfaire les revendications féministes.
- ❑ Il faut changer la loi pour satisfaire les médecins favorables à l'IVG.
- ❑ Il faut changer la loi car elle n'est plus respectée et met en cause de ce fait l'autorité même de l'État.

4 → **Expliquez en quoi le texte adopté est un texte de compromis, en vous appuyant sur les passages soulignés et le contexte historique dans lequel la loi est votée.**

Raconter à l'oral ou à l'écrit un événement en argumentant sur sa portée historique

1 Je découvre et analyse les documents

Doc. 1 Une société coloniale profondément inégalitaire

En Algérie, en 1954, cohabitent 1 million d'habitants d'origine européenne et 9 millions d'Algériens ; ces derniers ne bénéficient pas de la pleine citoyenneté au même titre que les Européens.

Algériens et Européens selon les métiers	Algériens (en 1954)	Européens d'Algérie (en 1954)
Cadres supérieurs	7 %	93 %
Techniciens	17 %	83 %
Manœuvres	95 %	5 %
Ouvriers spécialisés	68 %	32 %
% de la population vivant en ville	19 % des Algériens	95 % des Européens
École primaire	18 % des enfants scolarisés	100 % des enfants scolarisés

1 Doc. 1 **Dites quelles sont les conditions de vie respectives des deux populations en 1954.**

....

....

....

Doc. 2 Le début de la guerre d'Algérie

En Algérie, le gouvernement français ne parvient pas à répondre de manière satisfaisante aux revendications nationalistes qui s'intensifient dès 1945. Le 1er novembre 1954, une série d'attentats, revendiqués par le FLN (Front de libération nationale), marque le début de la guerre d'indépendance.

But : L'indépendance nationale par : 1) La restauration de l'État algérien souverain, démocratique et social dans le cadre des principes islamiques. 2) Le respect de toutes les libertés fondamentales sans distinction de race et de confession.

Moyens de lutte : Conformément aux principes révolutionnaires [...], la continuation de la lutte par tous les moyens jusqu'à la réalisation de notre but. [...]

Algérien ! Nous t'invitons à méditer notre charte ci-dessus. Ton devoir est de t'y associer pour sauver notre pays et lui rendre sa liberté ; le Front de Libération Nationale est ton front, sa victoire est la tienne. [...]

Extraits du Manifeste du FLN, 1er novembre 1954.

Doc. 3 L'escalade militaire

La réponse du gouvernement français conduit à l'engrenage. Aux actes de guérilla et d'attentats urbains répondent le contrôle du territoire par l'armée, la répression armée et l'utilisation de la torture. La persistance du conflit conduit en France à la chute de la IVe République.

Soldats français en opération dans la casbah d'Alger en 1957.

2 Doc. 2 Indiquez ce que réclame le FLN (Front de libération nationale) et précisez les moyens qu'il se donne pour y parvenir.

....

....

3 Doc. 2 Résumez ce qu'il demande au peuple algérien.

....

....

4 Doc. 3 Montrez comment les autorités françaises répondent aux actions des indépendantistes algériens.

....

....

Doc. 4 Le dénouement du conflit

Il revient à la Ve République du général de Gaulle de mettre fin au conflit. En 1959, un projet d'autodétermination (assorti de contraintes) est refusé par le FLN tandis que l'OAS (Organisation de l'armée secrète), mouvement clandestin et terroriste qui refuse l'indépendance, retarde encore le processus en multipliant les attentats. Les accords d'Évian sont signés le 19 mars 1962 et la France reconnaît l'indépendance de l'Algérie le 3 juillet 1962.

Alger, le 2 juillet 1962.

Doc. 5 L'exode des Pieds-noirs et des harkis

Entre avril et septembre 1962, 865 000 Européens, inquiets des conditions de l'indépendance, quittent définitivement l'Algérie pour la France. Des harkis (Algériens engagés dans l'armée française), victimes de représailles du FLN, se réfugient également en France (25 000 combattants et familles).

Accueil des rapatriés en provenance d'Algérie à Marseille, juillet 1962.

5 Doc. 4 Décrivez et qualifiez la scène représentée.

....

....

6 Doc. 4 et 5 Dites comment réagissent les populations algériennes et européennes à l'annonce de l'indépendance.

....

....

....

2 J'organise les informations relevées

La guerre d'Algérie 1954- ....

Une société inégalitaire

Des conditions de vie plus favorables pour

1 million ....

et difficiles pour ....

Le FLN, un mouvement qui revendique

....

Les moyens d'action pour y parvenir :

....

Le début du conflit armé

Date : ....

La réponse des autorités françaises

....

L'enlisement dans une guerre de ...... **ans** qui dans les deux camps a recours à :

....

Le dénouement

Les acteurs :

– ....

– le ....

Les dates :

19 mars .... : ....

3 juillet .... : ....

....

Les conséquences pour les populations

– ....

– ....

....

3 Je prépare mon récit

1 J'ordonne mon récit en fonction des grandes étapes dégagées dans le schéma.

2 Je vérifie que je n'ai oublié aucune des dates ni des acteurs majeurs du conflit.

3 J'illustre mon récit à l'aide d'un ou de plusieurs documents du corpus documentaire.

4 À l'oral, je m'entraîne grâce à l'écoute critique d'un camarade (clarté du récit, rythme de la parole...).
À l'écrit, je vérifie l'orthographe et la ponctuation.

Mai 1968 et les œuvres contestataires des Beaux-Arts de Paris

Au printemps 1968, une contestation de la société de consommation et de ses valeurs secoue la France. Partie de l'université, elle se transforme en une crise sociale et politique, avec l'occupation des usines et la généralisation des grèves dans tout le pays. Si le pouvoir politique en place du général de Gaulle résiste et que le mouvement de contestation s'arrête progressivement, la société française en sort profondément transformée. (Élu en 1974, le président Giscard d'Estaing prend acte de ces évolutions de la société et initie des réformes majeures, comme l'abaissement de la majorité et le droit de vote à 18 ans, ainsi que la légalisation de l'IVG.) Les étudiants des Beaux-Arts de Paris occupent leur école durant les événements et y réalisent des affiches pour populariser le mouvement. Elles sont produites en grand nombre grâce à la reproduction par sérigraphie et certaines d'entre elles sont passées à la postérité.

Affiche de l'atelier populaire de l'École des Beaux-Arts. Anonyme, mai 1968.

1 Décrivez la scène représentée.

....

....

....

....

....

....

2 Nommez le personnage en ombres chinoises et dites quels éléments du dessin vous ont permis de l'identifier.

....

....

3 Identifiez le second personnage et analysez son regard. Quel effet produit-il sur le spectateur ?

....

....

....

....

....

4 En vous aidant du contexte historique, expliquez le slogan.

....

....

....

5 Retrouvez d'autres affiches réalisées par l'atelier populaire des Beaux-Arts de Paris sur le site mucem.org, choisissez-en une et présentez-la à vos camarades en justifiant votre choix.

#lien
mucem.org
foucherconnect.fr/21hgc029

JE RETIENS

Vivre en France en démocratie depuis 1945

Quelle république pour la France ?

• **La IVe République** (1946-1958), **démocratie libérale** et **sociale**, poursuit l'application du programme de réformes du Conseil national de la Résistance (CNR) et donne naissance à l'**État providence**. Elle accepte les prêts et dons du **plan Marshall** et entame le redressement et la modernisation de l'économie du pays. Mais, confrontée aux guerres de décolonisation et à des divisions internes, elle disparaît en 1958, laissant à la Ve République du général de Gaulle la gestion et le règlement du conflit algérien.

• **La Constitution de la Ve République** place le président au cœur des institutions, et le référendum de 1962 validant son élection au suffrage universel direct renforce sa légitimité. La Ve République s'ancre dans la durée et s'adapte aux changements politiques et à la cohabitation.

Naissance et affirmation de la société de consommation

• **Les « Trente Glorieuses », période de croissance économique** qui s'installe progressivement en France entre 1945 et le milieu des années 1970, se caractérise par une augmentation croissante du niveau de vie, un faible chômage, des mutations du travail et des emplois et l'entrée des Français dans la société d'abondance. Mais dès la fin des années 1960, cette haute croissance s'essouffle et le nombre des exclus de cette **société de consommation** augmente.

Vivre en France entre croissance et crises : les défis de la fin du XXe et du début du XXIe siècle

Dès le milieu des années 1970, la croissance s'essouffle et la France doit faire face à de nouveaux défis.

• **En réponse à une loi répressive bafouée**, la **loi Veil** (janv. 1975) légalise l'IVG.

• **Confronté à un chômage de masse**, l'État met en place des mesures sociales comme le **RMI** en 1988 (devenu RSA en 2008).

• **Face aux mutations de l'emploi** et à la nécessité d'une élévation générale du niveau de formation, le **bac pro** voit le jour en 1985.

• **Afin de rapprocher les citoyens** des centres de décision, les **premières lois de décentralisation** sont mises en place en 1982-1983.

• **Pour assurer l'égale représentation** des femmes et des hommes dans la vie politique, la **loi sur la parité** est votée en juin 2000. En 2014 la loi sur l'égalité réelle entre les femmes et les hommes vise à combattre les inégalités dans toutes les sphères (politique, professionnelle et privée).

• **Dès les années 1990, l'environnement** entre dans le champ politique. La loi constitutionnelle de 2005 intègre la **Charte de l'environnement** (élaborée en 2004) dans la Constitution.

mémo > **AUDIO**

foucherconnect.fr/21hgc030

Mots-clés

- **Constitution** : texte déterminant la forme de gouvernement d'un pays.
- **Démocratie libérale** : système politique dans lequel le peuple est souverain et où les libertés individuelles sont garanties.
- **Démocratie sociale** : société démocratique fondée sur l'égalité des droits et des chances dans laquelle l'action de l'État doit permettre de réduire les inégalités sociales.
- **État providence** : pays dans lequel l'État a mis en place des mécanismes de protection sociale.
- **Plan Marshall** : plan américain pour aider la reconstruction de l'Europe après la Seconde Guerre mondiale.
- **Société de consommation** : mode de vie fondé sur le renouvellement perpétuel des biens et des services utilisés par les ménages.

Charles de Gaulle (1890-1970), premier président de la Ve République

Appelé au pouvoir en 1958, c'est le fondateur des institutions de la Ve République. Favorable à un exécutif fort, il soumet aux Français un texte constitutionnel qui place le président au cœur des institutions.
En 1962, il fait adopter par référendum le principe de l'élection du président de la République au suffrage universel. Il rétablit la stabilité politique et achève la décolonisation. Mais affaibli par la crise de mai 1968, il quitte volontairement le pouvoir en avril 1969.

– Les institutions et la vie politique

- IVe République 1946-1958
- Ve République 1958
- 1962 : Référendum sur l'élection du président de la République au suffrage universel direct
- 1968 : Crise de mai 1968
- 1986-1988 : 1re cohabitation
- 1993-1995 : 2e cohabitation
- 1997-2002 : 3e cohabitation

Simone Veil (1927-2017), ministre de la Santé en charge de la loi sur l'IVG

Chargée en 1974 par le président Giscard d'Estaing de mettre fin à la loi répressive de 1920 qui fait de l'avortement un crime, elle élabore une loi autorisant l'interruption volontaire de grossesse, revendiquée par les mouvements féministes de l'époque.
Elle fait alors face à l'hostilité d'une grande partie de son camp politique. Après un débat long et difficile à l'Assemblée nationale, la loi est votée grâce aux voix de la gauche.

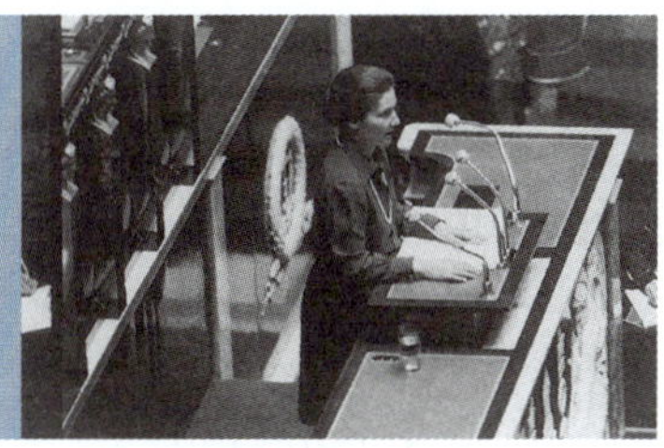

– Les droits des femmes et l'accès à l'égalité

- 1944 : Les femmes deviennent citoyennes
- Janvier 1975 : Loi Veil sur l'IVG
- 2000 : Loi sur la parité hommes/femmes en politique
- 2014 : Loi sur l'égalité réelle entre les hommes et les femmes

Michel Rocard (1930–2016), créateur du revenu minimum d'insertion (RMI)

Premier ministre de François Mitterrand de 1988 à 1991, confronté au chômage de masse, il met en place la réforme sociale du RMI : allocation créé en 1988 constituant un minimum social pour les personnes privées (ou ayant peu) de ressources et ayant signé un contrat d'insertion (devenu depuis le RSA, revenu de solidarité active).

– Les grandes mesures de protection sociale

- 1945 : Création de la sécurité sociale
- 1950 : Création du salaire minimum interprofessionnel garanti (SMIG)
- 1988 : Création du revenu minimum d'insertion (RMI)
- 2009 : Le RSA (revenu de solidarité active) remplace le RMI

JE MOBILISE MES CONNAISSANCES

1. Reliez chaque personnage historique à l'événement dont il est l'acteur.

Michel Rocard ●	● 1962 Élection du président de la Ve République au suffrage universel
Charles de Gaulle ●	● 1986-1988 1re cohabitation
Pierre Mauroy ●	● 1988 Création du RMI
François Mitterrand ●	● 1975 Légalisation de l'IVG
Simone Veil ●	● 1982-83 Premières lois de décentralisation

2. Complétez le schéma suivant.

Vivre en France en démocratie depuis 1945
La République française, une démocratie libérale et sociale

L'évolution des institutions

La IVe République 1946- ....
Le pouvoir .... domine la vie politique.

La Ve République ....
Le pouvoir .... domine la politique ; depuis 1962 : le président de la République ....
....
Des institutions flexibles qui s'adaptent aux changements politiques : ex. : ....
Depuis le début des années 1980 avec les 1res lois de décentralisation, la volonté de
....
....
....

Les transformations économiques

De 1945 au milieu des années 1970 : une période de forte croissance économique, les Trentes Glorieuses caractérisées par :
....
....
....

Depuis le milieu des années 1970, une alternance entre croissance et .... avec :
– un chômage .... ;
– une transformation des emplois (ex. : ....
....
....
....
....
et un nombre croissant de .... au travail.

L'intervention des pouvoirs publics pour :
– maintenir la cohésion sociale : ex. la création en 1988 .... ;
– faire face aux nouveaux besoins en emploi et élever le niveau de formation : ex. la création du
....

Les enjeux sociétaux et la réponse des politiques

– **Mettre en place un suffrage réellement universel**
Ex. : en 1944, ...
....

– **Répondre à certaines revendications de la jeunesse après 1968**
Ex. : en 1974, ...
....

– **Rendre accessible la contraception et l'IVG**
Ex. : ....

– **Assurer aux femmes leur juste place dans la vie politique**
Ex. : ....

– **Prendre en compte l'impératif environnemental**
Ex. : ....
....

J'ÉVALUE MES COMPÉTENCES...

CAPACITÉS MOBILISÉES

- **Mobiliser** les notions et les repères acquis.
- **Questionner** et analyser un texte historique.
- **Mener** une analyse historique à partir d'un document iconographique.

Vivre en France en démocratie depuis 1945

> À l'issue de l'étude du thème, je révise et je m'entraîne sur des capacités du programme.

1. Questions de connaissances

1 Attribuez la date à chacun des faits suivants.

Loi sur la parité en politique : ....

Loi Veil sur l'IVG : ....

Première loi de décentralisation : ....

Charte de l'environnement : ....

Fin de la guerre d'Algérie : ....

2 Donnez la signification de la notion d'État providence et dites en quoi cette définition s'applique aux IVe et Ve Républiques en vous appuyant sur des exemples concrets.

....

....

....

....

3 Précisez en quoi consiste le plan Marshall et quels en ont été les effets sur l'économie française.

....

....

....

....

4 Caractérisez la période des Trente Glorieuses en France et précisez-en les limites.

....

....

....

....

....

....

....

....

....

....

....

5 Dites comment ont évolué les emplois et le niveau de qualification en France depuis la fin des Trente Glorieuses.

....

....

....

....

2. Étude d'une situation historique : le rôle du président sous la Ve République

Doc. 1 La Constitution de la Ve République vue par son fondateur

Les institutions nouvelles sont en place [...]. Du sommet de l'État, comment vais-je les façonner ? Dans une large mesure, il m'appartient de le faire. Car les raisons qui m'y ont amené [...] ne ressortent pas des textes.

[...] Certes, il existe un gouvernement qui « détermine la politique de la nation. Mais tout le monde sait et attend qu'il procède de mon choix et n'agisse que selon ma confiance.

[...] Certes, il y a un Parlement dont l'une des deux Chambres a la faculté de censurer les ministres. Mais la masse nationale et moi-même ne voyons rien là qui limite ma responsabilité, d'autant mieux que je suis, juridiquement, en mesure de dissoudre, le cas échéant, l'assemblée opposante, d'en appeler au pays au-dessus du Parlement par la voie du référendum et, en cas de péril public, de prendre toutes les mesures qui me paraîtraient nécessaires*.

* Article 16 de la Constitution qui, en période de crise, permet de donner au président des « pouvoirs étendus ».

Charles de Gaulle, *Mémoires d'espoir*, Tome 1 : Le Renouveau de Charles de Gaulle, © Plon, 1970.

Doc. 2 La cohabitation au sommet de l'État

© Plantu, dessin paru dans *Le Monde* du 21 novembre 1986.

 # vidéo
Pourquoi la cohabitation est devenue improbable ? – 5,53 min
foucherconnect.fr/21hgc031

Doc. 3 Une cohabitation devenue improbable ?

Après un référendum, en 2000, le septennat est remplacé par un quinquennat.

« Cette réforme du quinquennat et cette coïncidence entre l'élection présidentielle suivie de l'élection législative me paraissaient la garantie qu'on éviterait à l'avenir la cohabitation. C'est pas absolument sûr, il peut arriver un pépin en cours de quinquennat avec une dissolution qui tourne mal, mais enfin quand même c'est beaucoup plus improbable que dans un septennat. »

Interview d'Alain Juppé, Premier ministre du président Jacques Chirac de 1995 à 1997, réalisé par Patrice Duhamel en 2018 pour France Télévisions.

1 Doc. 1 Présentez l'auteur et précisez à quel moment de sa vie politique il a été amené à rédiger ces *Mémoires d'espoir*.

....

....

....

2 Doc. 1 Rappelez le contexte historique auquel le général fait allusion quand il évoque les raisons qui l'ont amené au pouvoir.

....

....

3 Doc. 1 Résumez la manière dont le général de Gaulle envisage les rapports de pouvoir entre le président, le gouvernement et le Parlement sous la Ve République.

....

....

....

....

....

4 Doc. 2 Décrivez la scène représentée (identité des personnages principaux, attitudes et fonctions respectives) et dites quel est le regard porté par le dessinateur de presse sur la cohabitation.

....

....

....

5 Doc. 3 Soulignez les deux raisons pour lesquelles, selon Alain Juppé, la cohabitation est devenue « improbable ».

6 Doc. 1 à 3 Expliquez de quelle manière la cohabitation est amenée à nuancer les rapports de pouvoir décrits par le général dans cet extrait de ses *Mémoires d'espoir* et par quels moyens le législateur a tenté d'y remédier.

....

....

....

....

....

....

....

....

....

....

....

....

THÈME 1 Géographie

L'accès aux ressources
pour produire, consommer, se loger et se déplacer

Le désir de croissance et d'abondance matérielle entraîne une extraction toujours plus grande de matériaux et d'énergie pour produire des biens de consommation, pour se loger ou pour se déplacer. Avec la croissance démographique et l'extension du capitalisme, notre planète risque d'être à bout de ressources.
Quelles sont les solutions pour vivre dans un monde plus durable ?

Je DÉCOUVRE

Le jour du dépassement par pays — Le Parisien

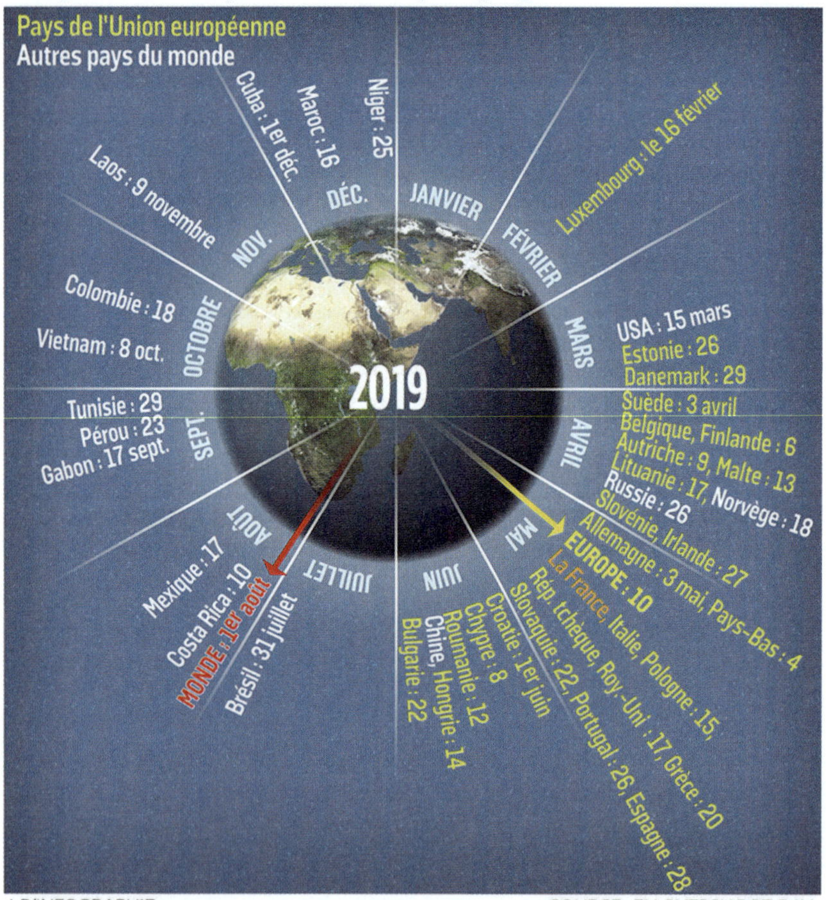

LP/INFOGRAPHIE. SOURCE : EU OVERSHOOT DAY.

« Ressource de la planète, l'Europe vit à crédit », *Le Parisien*, 9 mai 2019.

Dépassement : moment où un territoire a épuisé toutes les ressources qu'il est censé pouvoir consommer en une année.

- Que présente cette image ?

....

- À quoi correspond la date du 1er août ?

....

- Comment interpréter la différence entre les pays européens et les pays africains ?

....

Je me REPÈRE

Doc. L'objectif de développement durable 2 « Faim zéro »

2 FAIM «ZÉRO»

– L'ODD 2 vise à éradiquer la faim et la malnutrition en garantissant l'accès à une alimentation sûre, nutritive et suffisante pour tous.

– Une personne sur neuf dans le monde est sous-alimentée (soit 815 millions).

– Le Soudan du Sud, le Yémen, l'Afghanistan, la République centrafricaine, la Syrie, la république démocratique du Congo sont les pays où l'insécurité alimentaire est chronique et où plus d'un quart de la population souffre de la faim.

ONU et FAO.

Localisez, nommez et coloriez sur la carte les 6 pays où plus d'un quart de la population souffre de la faim.

Je COMPRENDS

Tout ne va pas si mal, loin de là. Les conditions de vie des humains se sont considérablement améliorées. Alors qu'en deux siècles, la population mondiale a été multipliée de six à huit fois. Nous n'avons jamais été aussi nombreux, aussi éduqués, ni en aussi bonne santé. [...] Pourtant, l'écrasante majorité des personnes sondées, notamment dans les pays les plus riches, continue de penser que le monde se dégrade. Ne pas voir ces améliorations de fond nous empêche de comprendre l'une des composantes centrales du problème : nous sommes de plus en plus nombreux à vivre de mieux en mieux et, pour une part croissante de la population, l'idéal d'abondance matérielle infinie est devenu synonyme de liberté et de bonheur. Les chiffres sont saisissants : sur les trente dernières années, le commerce international a été multiplié par huit, l'économie mondiale par six, la demande de produits issus du monde vivant (nourriture, fibres, etc.) par deux. La demande en énergie et autres matériaux a également explosé. Le monde est sous tension.

F. Gemenne et A. Rankovic, *Atlas de l'anthropocène*, Sciences Po Les presses, 2019.

Défis à relever	Points positifs
....	....
....	....
....	....
....	....
....	....
....	....
....	....
....	....
....	....
....	....

ÉTUDE 1

L'accès aux ressources spatiales pour se loger

CAPACITÉS

- **Réaliser** le croquis d'un aménagement qui met en œuvre un ou des objectifs de développement durable.
- **Imaginer**, en groupe, un projet d'aménagement concerté lié à une ressource et répondant aux défis sociétaux.

Malgré la faible augmentation de la population française et la crise économique, l'artificialisation des sols se poursuit et grignote l'espace naturel. Cette bétonisation entraîne une prise de conscience citoyenne, et des politiques d'aménagement sont élaborées. Quels usages des territoires mettre en œuvre ?

1 Entre densification et étalement : des conflits d'usage

Doc. 1 La friche Saint-Sauveur à Lille

Saint-Sauveur a été une gare de marchandises de 1865 à 2003. D'une superficie de 23 hectares, le site se trouve en plein cœur de la métropole, juste à côté du centre-ville de Lille. Une partie de ses halles, soit 1 hectare, a été reconvertie en 2009 pour devenir un lieu culturel très fréquenté.

 # lien
Image satellite – Lille
foucherconnect.fr/21hgc037

1 Doc. 1 Surlignez sur les voies rapides et les voies ferrées et entourez le centre-ville.

2 Doc. 1 Expliquez pourquoi la friche est une ressource spatiale dans la métropole lilloise. ....

....

Doc. 2 Le projet de la maire de Lille

Martine Aubry aime rappeler que 16 000 personnes attendent un logement à Lille. Urbaniser cette friche est une opportunité pour bâtir ce qu'elle nomme « *la ville durable* », qui permet de contrer l'étalement urbain. Sur cet espace équivalent à 33 terrains de football, sont prévus 2 400 logements neufs, une piscine olympique, 35 000 m² de bureaux, 20 000 m² de commerces, 20 000 m² d'équipements, et 80 000 m² de verdure dont un parc de 3,4 hectares.

Laurie Moniez, « 2020 La friche Saint-Sauveur, enjeu emblématique des municipales à Lille », *Le Monde*, 13 novembre 2019.

Doc. 3 L'association P.A.R.C.

Il n'y a pas dix, cinq, ni même deux endroits à Lille où offrir 23 hectares de nature et de répit aux habitants. Les 23 hectares de la friche Saint-Sauveur en sont la dernière opportunité. Sa construction, sa densification immobilière seraient irréversibles. Qui un grand espace de nature sur Saint-Sauveur gêne-t-il à part les promoteurs immobiliers ? Même New York, avec 17 m² d'espaces verts par habitant, fait mieux que Lille (14 m²). Pour une ville vivable, densifions la nature sur Lille en exigeant zéro construction sur Saint-Sauveur.

Site du collectif P.A.R.C. (Protection Aménagement Réappropriation Collective) Saint-Sauveur, 2020.

3 Doc. 2 et 3 Quel est le conflit d'usage autour de la friche Saint-Sauveur ?

....

....

4 Doc. **2** et **3** **Quels arguments sont développés par les deux parties ?**

vidéo
Lille : Saint-Sauveur, la friche de la discorde - 5,44 min
foucherconnect.fr/21hgc032

....

....

5 **Imaginez en groupe un projet d'aménagement concerté pour la friche Saint-Sauveur répondant à l'ODD 11 Villes et communautés durables.**

L'ODD 11 « vise à réhabiliter et à planifier les villes de manière à ce qu'elles puissent offrir à tous des opportunités d'emploi, un accès aux services de base, à l'énergie, au logement, au transport, espaces publics verts et autres, tout en améliorant l'utilisation des ressources et réduisant leurs impacts environnementaux ».

- *Étape 1* ***Bâtissez une légende.*** La légende à construire doit être très précise, le lecteur doit pouvoir imaginer le lieu quand il aura été aménagé. Tout ce qui figure sur la légende doit être cartographié et inversement. Une fois la légende construite, vous donnerez un titre à votre carte, selon l'orientation choisie.
- *Étape 2* ***Construisez la carte*** en traçant les contours de la friche, puis en indiquant tous les éléments de la légende sur la carte.
- *Étape 3* Dans le tableau, **décrivez les principaux arguments qui justifient les choix d'aménagement** du projet de groupe, puis dans un second temps, **exposez oralement l'argumentaire du projet**.

Titre : ....

Centre-ville

Un quartier bien desservi, proche du centre-ville

....

....

Un quartier de mixité sociale

....

....

....

Un quartier verdoyant

....

....

Un quartier vivant et bien équipé

....

....

....

....

Argument 1	....
Argument 2	....
Argument 3	....

2 Se loger : les enjeux liés à l'artificialisation des sols

Doc. 1 Évolution des surfaces artificialisées en France métropolitaine entre 2009 et 2019, en hectares

 # vidéo
L'Europe se bétonne
foucherconnect.fr/21hgc033

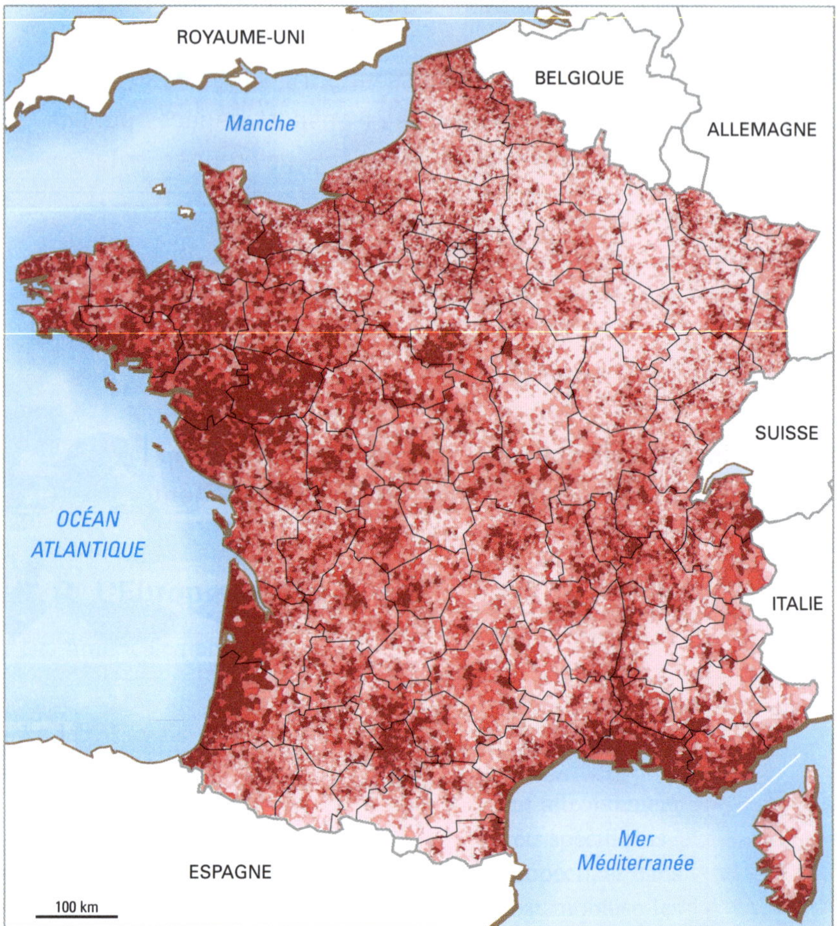

Dynamique de l'artificialisation des sols par commune entre 2009 et 2019, en hectares
- de 0 à 1 ha
- de 1 à 2 ha
- de 2 à 5 ha
- de 5 à 10 ha
- de 10 à 20 ha
- plus de 20 ha

 # carte interactive
foucherconnect.fr/21hgc107

1 Doc. 1 Situez les zones qui ont connu la plus forte croissance de surfaces artificialisées.

....

2 Doc. 1 Quelles peuvent être les raisons de cette croissance de surfaces artificialisées ?

....

Doc. 2 L'inexorable étalement urbain

C'est un constat d'échec. Le rêve de la maison individuelle continue de modeler communes rurales et zones périurbaines, dévorant toujours plus de surfaces agricoles et d'espaces naturels. L'ordre de grandeur est connu : l'équivalent d'un département français est bétonné tous les sept à dix ans. [...] Comme toujours en urbanisme, le foncier est la clé. Les terres agricoles sont très peu chères en France, ce qui incite à les consommer. Et le secteur immobilier ne sait pas vendre de l'habitat dense sur du foncier bon marché. Il a su répondre, en revanche, à l'envie de maison, avec une offre industrialisée au prix défiant toute concurrence. L'écart de prix au mètre carré atteint quelque 50 % entre un pavillon standard et un petit immeuble de trois étages. Le choix de la maison est parfois d'abord celui de la raison... Face à cela, les outils créés, depuis 2010, pour limiter l'étalement (schéma de cohérence territoriale, plan local d'urbanisme...) sont restés peu contraignants : sans indicateurs précis, sans objectifs chiffrés. Ainsi, les communes continuent d'ouvrir de nouvelles terres à l'urbanisation. Un travers renforcé par la concurrence entre les collectivités pour attirer ménages et activités.

Grégoire Allix, « 40 cartes pour comprendre la France », *Le Monde Hors-Série*, février-avril 2020.

3 Doc. 2 Quels éléments expliquent que l'étalement urbain soit inexorable en France ?

....

Doc. 3 Le repli des terres agricoles : un enjeu majeur

En France, le foncier agricole est une ressource sous tensions. La priorité est de protéger nos terres agricoles. L'artificialisation des sols est majoritairement destinée à l'habitat individuel (47 %) et aux infrastructures de transports (24 %). Elle se fait en grande majorité au détriment des terres agricoles (2/3 des surfaces artificialisées, soit 40 800 ha par an) et affecte principalement les terres à fort potentiel agronomique. Le repli des espaces agricoles est préoccupant sur le terrain de l'alimentation, premier besoin primaire, et pour notre autonomie alimentaire. Il est également préjudiciable à l'environnement. Pour lutter contre ce phénomène, l'urgence est de mieux réguler les marchés donnant accès au foncier agricole et de favoriser la transmission des exploitations et l'installation de jeunes agriculteurs. [...] L'enjeu (et l'effort) collectif est de parvenir à contenir la consommation des terres agricoles.

Michaël Rivier, directeur juridique de la Fédération nationale des sociétés d'aménagement foncier et d'établissement rural (FNSafer) France, rapport sur la protection et la régulation du foncier agricole présenté au Congrès du Comité européen de droit rural (CEDR) à Poznań (Pologne), 18-21 septembre 2019.

4 Doc. 2 et 3 **Expliquez la première phrase « En France, le foncier agricole est une ressource sous tensions ».**

5 Doc. 3 **Pourquoi le repli des terres agricoles pose problème ?**

6 Doc. 3 **Soulignez dans le texte les solutions préconisées par le rapporteur concernant la protection et la régulation du foncier agricole.**

Je fais le point sur... L'accès aux ressources spatiales pour se loger

→ ***Complétez le schéma.***

Raisons de l'artificialisation croissante	Problèmes et enjeux posés	Tensions sur les sols, ressources pour se loger

Proposez au moins une solution durable pour produire des logements en ville

ÉTUDE 2

L'accès aux ressources pour se déplacer

CAPACITÉS
- **Questionner** un/des documents pour conduire une analyse géographique.
- **Identifier** l'échelle appropriée pour étudier un phénomène.

L'usage grandissant de la voiture individuelle et des camions depuis les années 1970 a entrainé une multiplication des émissions de gaz polluants. Dans un contexte de changements globaux, les individus sont amenés à questionner leur responsabilité, et les décisions industrielles et politiques liées aux transports sont appelées à se réinventer.
Quels seront les transports plus durables de demain ?

1 Face à la saturation et à la pollution : différentes politiques d'aménagements

Doc. 1 Les transports en commun gratuits pour tous les Parisiens de moins de 18 ans à la rentrée 2020

La mesure a été votée en Conseil de Paris ce jeudi. Les jeunes Parisiens scolarisés pourront se faire rembourser leur carte Imagine R à partir de la rentrée. Bonne nouvelle pour les familles. Dès la rentrée 2020, les collégiens et lycéens parisiens ne paieront plus les transports en commun. À partir de la rentrée 2020-2021, la carte Imagine R sera intégralement remboursée pour les moins de 18 ans, ce qui représente une économie non négligeable pour chacun de 350 € par an. Ces mesures sont destinées à accélérer la transition écologique et à donner un coup de pouce financier aux familles. Le coût de toutes ces mesures de gratuité s'élève à 10 M€ par an. 135 000 jeunes Parisiens âgés de 12 à 18 ans sont potentiellement concernés.

Christine Henry, « Les transports en commun seront gratuits pour tous les Parisiens de moins de 18 ans à la rentrée », *Le Parisien*, 23 juillet 2020.

 # vidéo
Comment rendre une ville (vraiment) cyclable - 7,31 min
foucherconnect.fr/21hgc034

Doc. 2 Se déplacer à vélo : nouveau défi urbain international

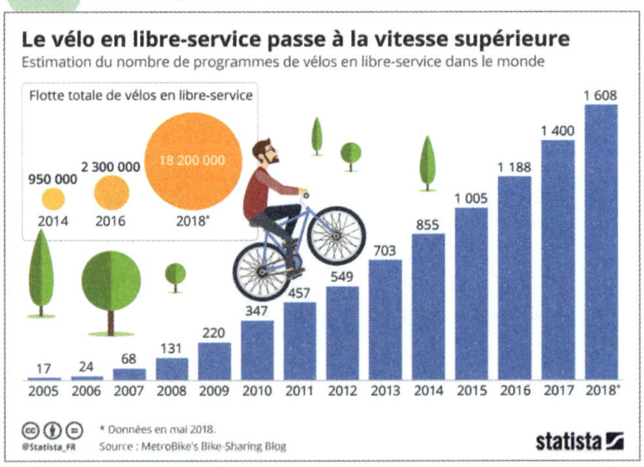

1 Doc. 1 Quels sont les avantages de la gratuité des transports en commun ?

....

....

....

2 Doc. 1 et 2 Complétez le tableau suivant.

Évolution de l'usage du vélo en libre-service	....
Structures pouvant favoriser le vélo en ville	....
Avantages de la pratique du vélo pour les villes	....
Limites de la pratique du vélo en ville	....

Doc. 3 Un plan de développement urbain durable à Casablanca au Maroc

Le Maroc s'est engagé dans la mise en œuvre de plans de mobilité urbaine durable (PMUD) dans le cadre d'un partenariat international avec MobiliseYourCity (projet soutenu par l'ADEME*). Voici les différents engagements du Maroc suivis des aménagements liés au transport à Casablanca :

- Accélérer le développement d'une mobilité urbaine soutenable et sobre en carbone pour les passagers et les marchandises grâce à une meilleure planification.
- Améliorer la compétitivité économique et la qualité de vie dans les villes en transformant la mobilité urbaine.
- Améliorer les réseaux de transports pour réduire l'impact du changement climatique, la pauvreté et les inégalités sociales.
- Réduire les émissions de gaz à effet de serre issues du transport urbain d'au moins 50 % dans les villes participantes.

* ADEME : Agence de l'environnement et de la maîtrise de l'énergie.

D'après *cerema.fr*, MobiliseYourCity, 2019.

Doc. 4 Étape du plan de mobilité durable à Casablanca

2017	• **1** ligne de tramway • **31** kilomètres • **48** stations voyageur	• **1** station de correspondance • **5** pôles d'échange • Couloir desservi 550 000 habitants
2018	• **Ouverture ligne T2** • **22,5** kilomètres • **33** stations voyageur	• **2** station de correspondance • Couloir desservi 450 000 habitans
2019	• **Nouvel exploitant bus**	• **Interopérabilité Bus – Tramway**
2020	• **Ouverture ligne BRT1** • **10** kilomètres • **20** stations voyageur	• **1** station de correspondance avec réseau Tramway
2021	• **Ouverture lignes T3 & BRT2** • **T3 14** km - **20** stations voyageur • **L5 12** km - **24** stations voyageur	• **4** pôles d'échange • **5** stations de correspondance • T3 Couloir desservi 380 000 habitants
2022	• **Ouverture ligne T4** • **14** km - **23** stations voyageur • **4** pôles d'échange	• **5** stations de correspondance • Couloir desservi 300 000 habitants

« Au Maroc, Mobilise Your City accompagne les autorités pour mettre en œuvre une mobilité urbaine durable », CEREMA (Centre d'études et d'expertise sur les risques, l'environnement, la mobilité et l'aménagement), Casa Tramway, 2 juillet 2019.

3 Doc. 4 **Justifiez l'affirmation suivante : « La ville de Casablanca met en place une mobilité urbaine durable. »**

....

....

....

Doc. 5 ODD 11 Villes et communautés durables

11 VILLES ET COMMUNAUTÉS DURABLES

Le onzième objectif de développement durable vise à réhabiliter et à planifier les villes de manière à ce qu'elles puissent d'ici à 2030 assurer l'accès de tous à des systèmes de transport sûrs, accessibles et viables, à un coût abordable, en améliorant la sécurité routière, notamment en développant les transports publics.

4 Doc. 5 **En réponse à cet objectif, vous présenterez à l'oral au moins trois propositions d'aménagements pour améliorer l'accès à votre établissement.**

– Proposition 1 : ....

....

– Proposition 2 : ....

....

– Proposition 3 : ....

....

2 Les défis liés aux transports de marchandises

Doc. 1 L'empreinte carbone

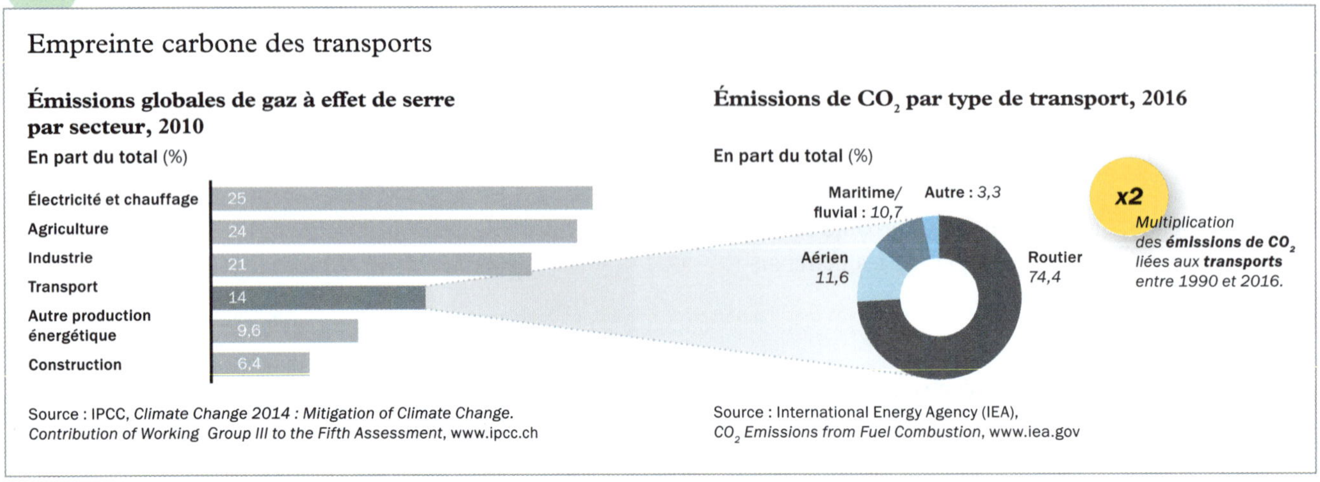

F. Gemenne et A. Rankovic, *Atlas de l'anthropocène*, Sciences Po Les presses, 2019.

1 Doc. 1 Sur le document, entourez en bleu la part des transports dans les émissions globales à effet de serre, en rouge la part du transport routier dans les émissions de CO_2 et en vert l'évolution des émissions de CO_2 liées aux transports entre 1990 et 2016.

Doc. 2 Le transport de marchandises en France

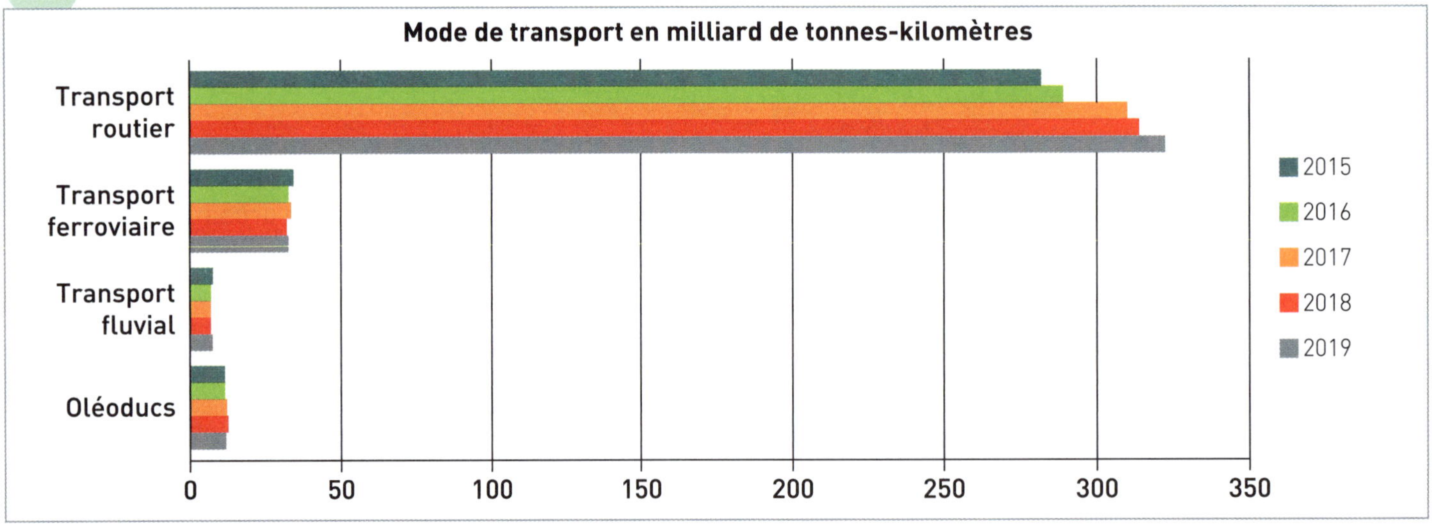

INSEE, 2020.

Doc. 3 Distance et coût des transports de marchandises sur le canal Seine-Nord-Europe

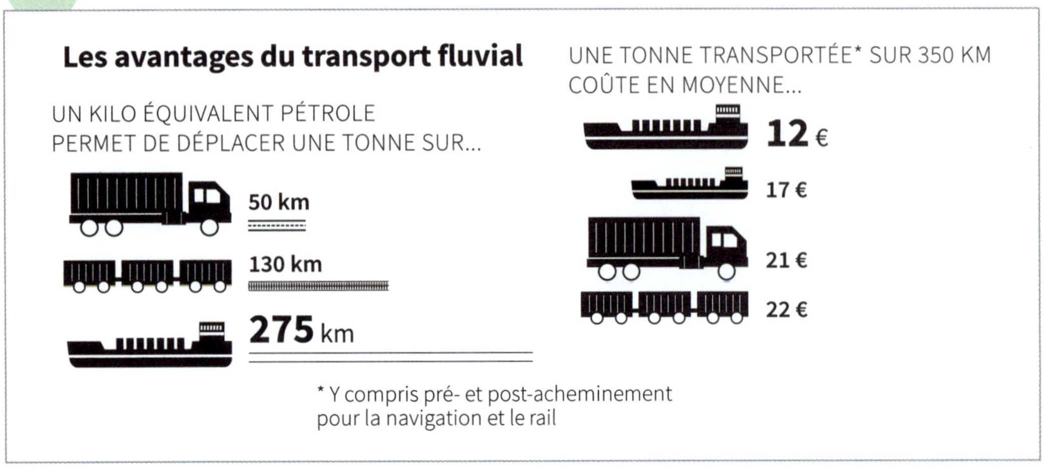

Infographie – « Le canal Seine-Nord, trente-cinq ans de débats et toujours pas un coup de pioche », *Le Monde*, 3 octobre 2017.

2 Doc. 2 et 3 **Entourez la phrase qui représente le mieux le transport routier en France selon vous, puis justifiez votre réponse.**

- Le transport routier est fondamental pour approvisionner les entreprises.
- Le transport routier pollue et il coûte cher.
- Le transport routier est en hausse inquiétante.

....

....

Doc. 4 L'approvisionnement local se fait une place dans nos assiettes

[Dans le Département du Nord], 95 % des collèges publics disposant d'une demi-pension se sont engagés dans une démarche qui développe l'approvisionnement local. Démarche vertueuse, l'approvisionnement local répond à des enjeux sociétaux majeurs en matière d'économie, d'environnement et de santé : réduire les distances entre producteurs et consommateurs ; offrir une source d'activité supplémentaire pour le monde agricole ; garantir la qualité et la diversité de l'alimentation des usagers ; réduire les déchets alimentaires. Pour Patrick Valois, vice-président du département du Nord en charge de la ruralité et de l'environnement, « l'approvisionnement local est un enjeu environnemental majeur puisqu'aujourd'hui, il est avéré que ce qui consomme le plus d'énergie, ce n'est pas la production des denrées alimentaires mais leur moyen de transport et de conditionnement ».

Nord, le département est là, 7 août 2020.

3 Doc. 1 à 4 **En groupe, en vous appuyant sur les documents, vous listerez les avantages d'un approvisionnement local, puis vous présenterez à l'oral une démarche argumentée et concrète pour améliorer ce type d'approvisionnement dans le restaurant scolaire de votre établissement.**

Liste des avantages	Propositions d'améliorations
....	....
....	....
....	....

Je fais le point sur… L'accès aux ressources pour se déplacer

→ ***Complétez la synthèse suivante.***

Des politiques tentent de limiter l'usage de la voiture individuelle :

....

....

....

....

....

....

....

→

Les défis liés au transport de marchandises

Constat : ....

....

....

– Évolution : ....

....

....

– Solutions : ....

....

....

....

→

Et demain ? Quelles propositions pour diminuer l'empreinte carbone et lutter mieux contre le réchauffement climatique ?

....

....

....

....

....

Proposition personnelle :

....

....

ÉTUDE 3

Un accès illimité aux ressources pour produire et consommer ?

CAPACITÉS
- **Justifier** des choix, une production.
- **Exercer** son esprit critique.
- **Construire** une argumentation géographique.

Depuis plusieurs siècles, le modèle occidental a conçu et exporté une vision du monde qui relie l'amélioration des conditions de vie à une exploitation toujours plus importante des ressources de la Terre. Ce modèle est à bout de souffle. Saurons-nous changer nos modes de vie et de consommation ?

1 Nos modes de vie en question

Doc. 1 Le développement en cause

Dessin de Michel Cambon, dessinateur de presse, © Cambon – Iconovox, 2015.

1 Doc. 1 Sur le dessin, citez tous les éléments qui montrent que le modèle de développement actuel n'est pas tenable.

....

....

....

....

....

....

....

....

....

....

Doc. 2 L'impact de notre consommation d'énergie

Outre le climat, notre gourmandise en énergie a des conséquences sur la biodiversité, nécessaire, rappelons-le, dans la lutte contre le changement climatique. Les énergies renouvelables ont elles aussi des impacts négatifs sur les écosystèmes : l'hydroélectricité (barrages) modifie profondément l'écologie des cours d'eau, les éoliennes en mer perturbent la faune marine, les éoliennes terrestres sont un danger mortel pour les oiseaux et chauves-souris, sans parler des biocarburants, gourmands en espaces et de la biomasse électricité*, vorace en forêts. C'est pourquoi, outre l'abandon des énergies fossiles au profit des énergies renouvelables, il est indispensable d'aller vers plus de sobriété énergétique.

F. Gemenne et A. Rankovic, *Atlas de l'anthropocène*, Sciences Po Les presses, 2019.

* Biomasse électricité : électricité issue de la combustion de végétaux.

2 Doc. 2 Existe-t-il des énergies propres ?

....

....

....

3 Doc. 2 En conséquence, quel comportement est nécessaire ?

....

....

....

Doc. 3 La corrélation entre richesse et pollution

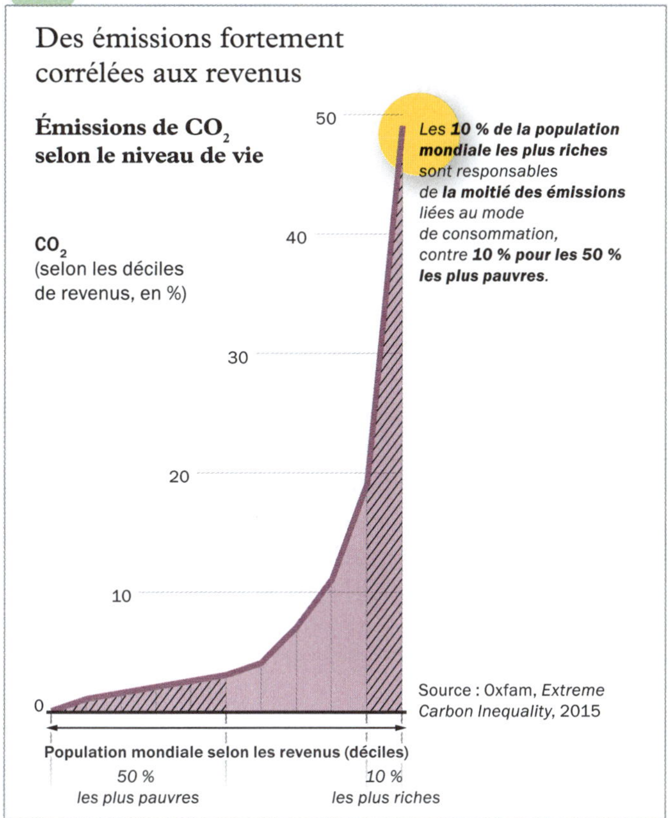

F. Gemenne et A. Rankovic, *Atlas de l'anthropocène*, Sciences Po Les presses, 2019.

4 Doc. 3 Justifiez l'affirmation : « Les niveaux de richesse ont une influence sur la pollution ».

....

....

....

....

....

....

....

5 Doc. 3 Entourez sur le graphique la quantité d'émissions de CO_2 des 10 % les plus riches.

6 Doc. 3 Dans le tableau suivant, expliquez en quoi consiste notre modèle économique, ses limites et les solutions.

Notre modèle économique	Limites de notre modèle	Solutions
....	....	....
....	....	....
....	....	....
....	....	....
....	....	....

Doc. 4 Les propositions de la Convention citoyenne pour le climat : consommer

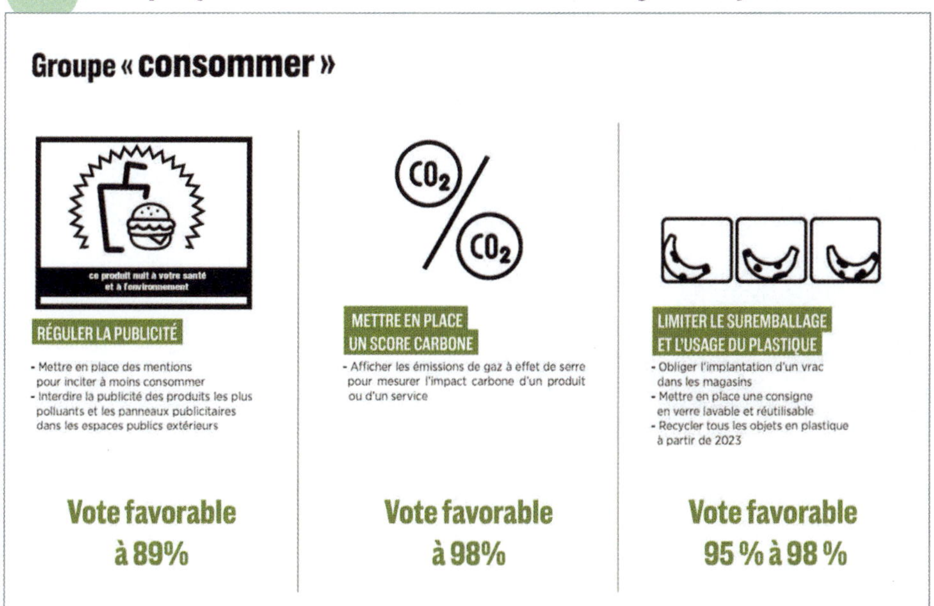

© Sacha Pessin, Tommy, *Reporterre*, 22 juin 2020.

7 Doc. 4 Choisissez une des mesures emblématiques et rédigez un court paragraphe argumentatif que vous lirez à voix haute.

Exemple : Il est indispensable de réguler la publicité concernant les produits les plus émetteurs de GES et je vais vous expliquer pourquoi.

Tout d'abord ....

Puis ....

Enfin ....

2 Le prix écologique du numérique

Envoyer un mail, stocker ses données ou effectuer des recherches ne sont pas des gestes anodins. Ils consomment de l'énergie et émettent de la pollution. Quelle est la pollution issue du numérique ?

Doc. 1 L'industrie du numérique

Le numérique n'a rien d'immatériel. C'est bel et bien une industrie, qui fabrique des équipements et des infrastructures. Et comme toute industrie, il pollue. Beaucoup. L'empreinte écologique du Web commence dès l'extraction des ressources naturelles nécessaires pour fabriquer les objets électroniques que nous utilisons pour nous connecter. Des ressources non renouvelables, et parfois extrêmement rares. Le numérique, c'est ensuite le secteur roi de l'obsolescence programmée, de la consommation à outrance. Et la durée de vie des équipements ne cesse de baisser : entre 1985 et 2015, la durée d'utilisation d'un ordinateur est passée de onze à quatre ans. De même, 88 % des Français changent leur téléphone portable alors qu'il fonctionne encore. Le numérique, c'est enfin un secteur énergivore, qui bat des records en matière de consommation d'électricité. Car nos ordinateurs ou nos portables ne sont pas de simples terminaux isolés : ils sont reliés à toute une infrastructure, à des serveurs et des *data centers*, dont la consommation est énorme. Au total, en 2018, ce secteur représentait 12 % de la consommation d'électricité mondiale, contre 7 % en 2012. Un développement exponentiel, qui s'explique par la croissance du nombre d'internautes mais aussi par des pratiques et des échanges de plus en plus dématérialisés.

F. Tétart et C. Marin, *Grand Atlas 2020*,

1 Doc. 1 Expliquez le paradoxe de la première phrase.

....

2 Doc. 1 Quelles sont les sources de pollution du numérique ?

....

....

Doc. 2 Equinix, un *data center* français

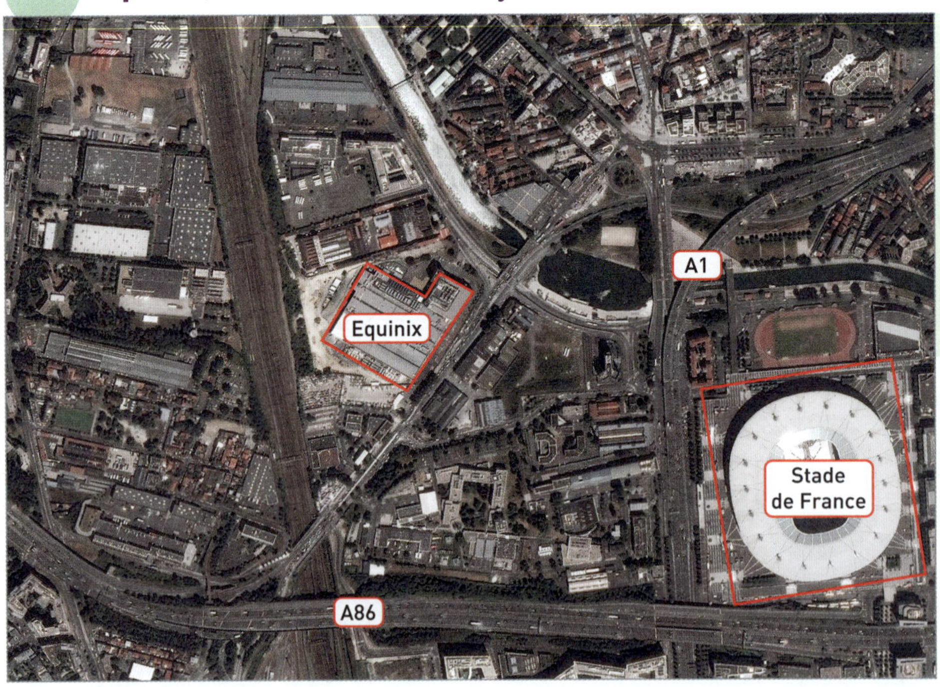

Equinix va compter bientôt un neuvième centre de données en France. Il se situe à Saint-Denis, près de Paris, à côté de deux *data centers* déjà existants. D'une superficie de 2 750 m², il dispose d'une alimentation électrique de 9,6 MW. Equinix offre ses services d'hébergement aux entreprises mais aussi aux géants de l'Internet, dont Amazon, Microsoft et Google.

 # lien
Image satellite – Saint-Denis
foucherconnect.fr/21hgc038

3 Doc. 2 Pourquoi Equinix a-t-il choisi de localiser son neuvième centre de données à Saint-Denis ?

....

....

....

Doc. 3 Réduire son impact environnemental

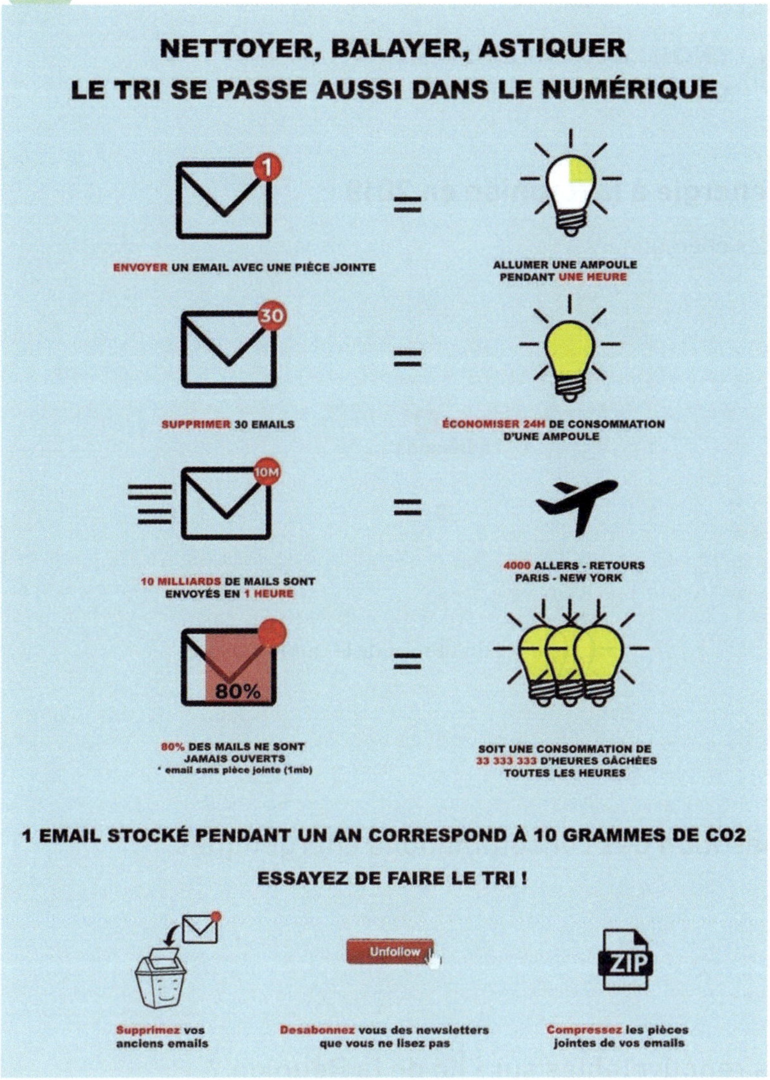

Association française des assistants réalisateurs de fiction (AFAR), février 2020.

4 Doc. 3 **Quels gestes pouvons-nous mettre en place pour limiter la pollution numérique ?**

....

....

....

....

....

....

....

....

....

....

....

....

....

Je fais le point sur… Un accès illimité aux ressources pour produire et consommer ?

→ ***Choisissez une des trois questions, répondez-y et justifiez votre réponse.***

Nos sociétés de consommation face aux changements globaux et à l'épuisement des ressources

1) Le bonheur lié à l'abondance matérielle infinie : est-ce un idéal ?

2) La croissance constante de la production et de la consommation : est-ce possible ? Est-ce important ?

3) La diminution des ressources va-t-elle entraîner une hausse des prix ? Des tensions et des conflits ?

....

....

....

....

....

....

....

....

DIFFÉRENCIATION

Bilan énergétique de la Réunion

CHOISISSEZ LE PARCOURS QUI VOUS CONVIENT LE MIEUX

CAPACITÉS

- **Analyser** un conflit d'usage autour d'une ressource dans le cadre d'une étude de cas ou d'un exemple d'aménagement dans les politiques territoriales

Doc. 1 Répartition des consommations d'énergie à la Réunion en 2019

En 2019, la Réunion importait 87,5 % de ses ressources énergétiques.

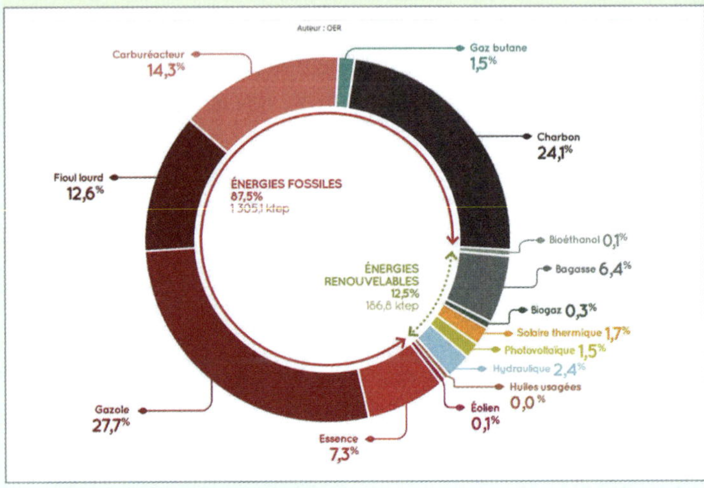

* Bagasse : résidu fibreux de la canne à sucre.

Bilan énergétique de la Réunion 2019. Les chiffres-clés. Édition 2020, Observatoire énergie Réunion & Horizon Réunion (http://energies-reunion.com/)

PARCOURS autonome

1. Identifiez la répartition des consommations énergétiques.

....

....

....

2. Quelle est la particularité des énergies renouvelables sur l'Île de la Réunion ?

....

3. Expliquez en quelques lignes pourquoi l'île de La Réunion est énergiquement dépendante.

....

....

....

....

PARCOURS accompagné

→ Bilan énergétique

Les énergies consommées sur l'île de la Réunion sont de 2 types :

> .... > ....

Il y a un grand déséquilibre entre ces 2 types d'énergie :

> ....

> ....

→ Dépendance énergétique

L'île de la Réunion est un territoire très dépendant énergiquement puisque 87,5 % des sources d'énergie sont importées. Elle importe les énergies fossiles dont elle ne dispose pas.

Certaines productions d'énergies renouvelables pourraient vraisemblablement augmenter, mais il existe des limites :

> ....

> ....

> ....

....

Limites du verdissement de la production électrique

L'électricité est produite par :

> ....

> ....

> ....

Un tiers de l'électricité produite à la Réunion est renouvelable et l'objectif est d'atteindre les 100 % en 2030. Cet objectif est difficile à atteindre car :

> ....

> ....

> ....

....

Si l'objectif de 100 % d'électricité renouvelable est atteint, la Réunion sera-t-elle indépendante énergétiquement ?

....

....

Doc. complémentaire La Réunion veut verdir son électricité

À la Réunion, le plus peuplé des départements français d'outre-mer, la part des énergies renouvelables dans le mix peut varier fortement d'une année sur l'autre, en fonction des conditions météorologiques (pluviométrie, ensoleillement, cyclones) qui influencent la production hydraulique, solaire et les récoltes de canne à sucre. [...] En 2019, la Réunion a confirmé l'objectif fixé dès 2015 par la loi de transition énergétique pour la croissance verte (LTECV) : atteindre l'autonomie énergétique en 2030. Pour l'île, qui ne dispose pas de ressources fossiles, cela implique un approvisionnement énergétique ... 100 % renouvelable !

Le verdissement de la production électrique accapare aujourd'hui l'attention de tous les acteurs du territoire. [...] L'alternative pour verdir les centrales n'est pas évidente. Pour remplacer les 650 000 tonnes de charbon qu'elles brûlent annuellement, il faudrait leur substituer 2 millions de tonnes de bois et autres matières organiques. [...] « Seuls 30 % des gisements nécessaires à l'effacement du charbon sont disponibles localement. » Pour se passer complètement du charbon, en attendant que les deux centrales arrivent en fin de vie, il faudrait donc importer les 70 % restants. Une solution peu enviable.

Par ailleurs, avec un taux de chômage dépassant les 30 % à la Réunion, l'impact local de la transition est en effet tout sauf anecdotique. En réalité, l'éventuel troc des cultures de canne à sucre – au passage fortement subventionnées par l'Union européenne – contre des cultures énergétiques de « canne fibre » reste un sujet sensible dans ce secteur à forte valeur culturelle et pourvoyeur de 11 000 emplois (directs et indirects).

Une ambition forte pour le solaire et l'éolien

L'essentiel du potentiel hydraulique du territoire étant déjà exploité, les espoirs de l'île Bourbon reposent donc majoritairement sur le solaire et l'éolien. Nous en sommes encore loin, puisque la puissance éolienne installée est stable depuis 2015 et, au rythme actuel, l'île atteindra seulement 200 MW de solaire en 2023 (soit un tiers du chemin à parcourir).

Aude Martin, *Alternatives économiques* n° 387, 13 février 2019.

Raconter l'engagement d'un acteur impliqué dans la gestion d'une ressource du territoire de proximité de l'élève

1 J'identifie un acteur

Doc. 1 Glyphosate et agriculture : interview de Christian Durlin, vice-président de la Commission environnement de la FNSEA*

Cédric Michelin : La France est-elle le seul pays européen à vouloir interdire le glyphosate ?

Christian Durlin : Oui, une fois de plus, la France va au-delà du cadre européen. Le glyphosate reste autorisé dans les autres pays de l'Union européenne, sans restriction pour les usages non substituables. Certains pays comme l'Autriche sont revenus au glyphosate et, hors UE, le Sri Lanka le réautorise. La FNSEA a démontré dans son Contrat de solutions toutes les impasses et les difficultés techniques liées à l'arrêt du glyphosate. Il faut y ajouter les impacts économiques liés à cette non-utilisation. Car nos produits deviennent moins compétitifs à l'export et, finalement, cette situation nous conduit à importer des produits qui ne respectent pas nos normes ! C'est un comble. Que dire aussi des zones intermédiaires ! L'arrêt du glyphosate pourrait être fatal à de nombreux agriculteurs qui ont besoin de cette molécule qui leur permet de grignoter quelques euros la tonne et leur permet de tenir financièrement. Ce n'est pas anodin. Comme pour d'autres substances, il n'est pas envisageable d'interdire le glyphosate tant qu'il n'existe pas une solution alternative qui soit réellement efficace et qui assure la rentabilité des exploitations. Les États membres de l'Union européenne devront avoir toutes ces données en main avant de décider à la fin 2022 de prolonger ou d'interdire cette substance.

Cédric Michelin, Glyphosate : Interview de Christian Durlin, vice-président de la Commission environnement de la FNSEA « Non à de nouvelles distorsions de concurrence », *Agri71.fr*, 28 octobre 2020.

* La Fédération nationale des syndicats d'exploitants agricoles est le syndicat professionnel majoritaire dans la profession agricole.

1 Doc. 1 Quels sont les intérêts du glyphosate selon Christian Durlin ?

....

....

2 J'analyse l'usage des pesticides en France

Doc. 2 La contamination des eaux de surface par les pesticides et les nitrates (2017)

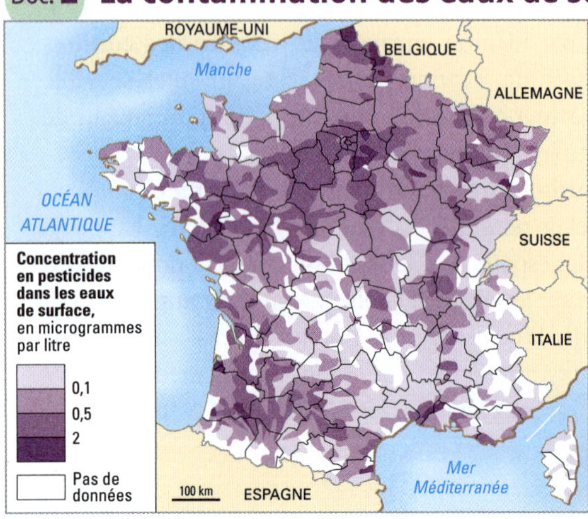

carte interactive
foucherconnect.fr/21hgc108

2 Doc. 2 Dans quelles régions du territoire français la quantité de nitrates et de pesticides dépasse-t-elle la norme de potabilité ?

....

....

....

....

....

....

....

Doc. 3 Échec du premier plan de réduction des pesticides

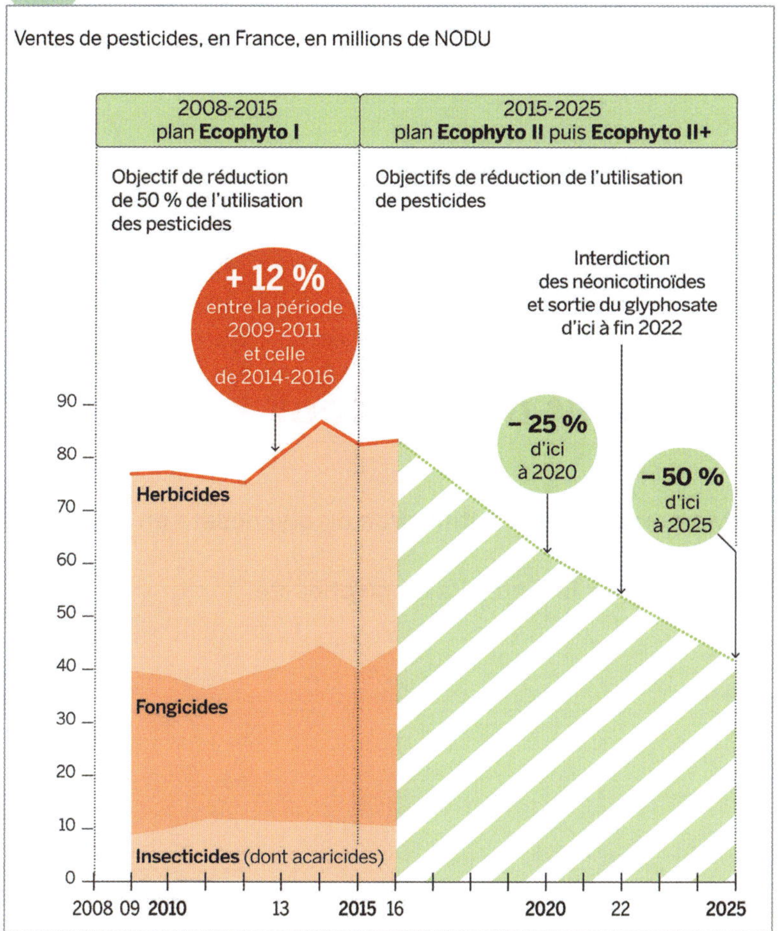

Grégoire Allix, « 40 cartes pour comprendre la France », *Hors-Série*, *Le Monde*, février-avril 2020.

3 Doc. 3 **Alors que l'objectif du plan de réduction des pesticides prévoyait une baisse de 50 % des ventes de pesticides entre 2008 et 2015, quelle a été l'évolution réelle ?**

....

4 Doc. 3 **Entourez la date à laquelle est prévue l'interdiction du glyphosate en France.**

Doc. 4 L'agriculture intensive en cause

Le glyphosate est actuellement le pesticide le plus vendu au monde. Et la question des effets du glyphosate sur la santé humaine a été soulevée devant les tribunaux un peu partout dans le monde. Le cas le plus retentissant à ce jour est celui de Dewayne Johnson, un jardinier américain qui impute son cancer aux herbicides. (Le tribunal a condamné la société Monsanto à payer environ 289 millions de dollars au jardinier en août 2018.)

Au-delà du glyphosate, c'est bien l'utilisation massive des pesticides qui est pointée du doigt, qu'il s'agisse de produits de synthèse ou naturels. Pour beaucoup, l'inépuisable débat scientifique sur les risques liés à l'herbicide interroge la nature même de l'agriculture conventionnelle. Plutôt qu'un bouc émissaire, le glyphosate est en fin de compte emblématique de l'agriculture intensive qui s'est développée depuis les années 1950 en France et partout dans le monde. Pour Christian Huyghe, directeur adjoint de l'Inra, le succès de l'herbicide s'explique en grande partie par le fait qu'il était « totalement en cohérence avec les usages demandés par la société » au monde agricole, notamment la hausse de la productivité et le développement de produits standardisés. Dans le cas du glyphosate comme des pesticides en général, les (réelles) contraintes économiques et techniques à court terme l'ont pour l'heure emporté sur les considérations environnementales et de santé publique. [...] Les attentes de ces mêmes consommateurs restent bien souvent calquées sur les canons de l'agriculture intensive.

Adrien Sénécat, « Le glyphosate, "vrai poison" ou "faux sujet" ? Petit manuel pour comprendre le débat sur l'herbicide controversé », *Le Monde*, 28 juin 2019.

5 Doc. 4 **Expliquez pourquoi l'utilisation du glyphosate est remise en cause.**

....

....

6 Doc. 4 **Pourquoi le glyphosate est emblématique du modèle d'agriculture intensive depuis les années 1950 ?**

....

....

7 Doc. 1 à 4 **Après l'étude des 4 documents, choisissez la phrase qui correspond le mieux à la situation actuelle puis justifiez-la.**

1. Le glyphosate présente plus d'intérêts que de dangers.

2. Concernant le glyphosate, la santé doit être plus importante que l'économie.

3. Il faut interdire l'utilisation du glyphosate.

....

....

3 Je rends compte de l'engagement d'un acteur

8 Doc. 1 à 4 **Vous présenterez à l'écrit ou à l'oral votre avis personnel sur l'utilisation du glyphosate en France.**

■ **Étape 1. Vous êtes adhérent au syndicat FNSEA et présentez les intérêts du glyphosate.**

....

....

....

....

....

■ **Étape 2. Vous êtes membre de l'ONG « Générations futures » et présentez les limites du glyphosate.**

....

....

....

....

....

....

■ **Étape 3. À vous de prendre position...**
Après avoir étudié les documents sur le glyphosate, vous expliquerez pourquoi il faut cesser de l'utiliser *ou* pourquoi il faut continuer à l'utiliser. Votre avis personnel sera argumenté. Il pourra être présenté à l'oral ou à l'écrit.

....

....

....

....

....

....

....

....

....

....

....

Changements globaux et militantisme

#vidéo
Mickey 3D, *Respire* – 3,45 min
foucherconnect.fr/21hgc035

Doc. 1 « Respire » de Mickey 3D, *Tu vas pas mourir de rire*, 2003

Approche-toi petit, écoute-moi gamin,
Je vais te raconter l'histoire de l'être humain
Au début y avait rien, au début c'était bien
La nature avançait, y avait pas de chemin
Puis l'homme a débarqué avec ses gros souliers
Des coups de pied dans la gueule pour se faire respecter
Des routes à sens unique il s'est mis à tracer
Les flèches dans la plaine se sont multipliées
Et tous les éléments se sont vus maîtrisés
En deux temps trois mouvements l'histoire était pliée
C'est pas demain la veille qu'on fera marche arrière
On a même commencé à polluer le désert

Il faut que tu respires, et ça c'est rien de le dire
Tu vas pas mourir de rire, et c'est pas rien de le dire

D'ici quelques années on aura bouffé la feuille
Et tes petits-enfants ils n'auront plus qu'un œil
En plein milieu du front ils te demanderont
Pourquoi toi t'en as deux, tu passeras pour un con
Ils te diront « comment t'as pu laisser faire ça »
T'auras beau te défendre leur expliquer tout bas
C'est pas ma faute à moi, c'est la faute aux anciens
Mais y aura plus personne pour te laver les mains
Tu leur raconteras l'époque où tu pouvais
Manger des fruits dans l'herbe allongé dans les prés
Y avait des animaux partout dans la forêt,
Au début du printemps, les oiseaux revenaient [...]

Respire, paroles : Michaël Furnon, musique : Michaël Furnon, Najah El Mahmoud, Aurélien Joanin, éditions : BMG Rights Management (France) / Avec l'autorisation de BMG Rights Management (France).

Doc. 2 « Il n'y a pas de planète B »

« No hay planeta B », mobilisation de jeunes militants pour le climat, le 27 septembre 2019 à Madrid, en amont de la COP25 (décembre 2019).

1 Doc. 1 **Selon les auteurs, quelles sont les relations de l'homme et de la nature ? Parmi les adjectifs suivants, vous en choisirez deux et justifierez votre réponse :** *complexes, violentes, belles, irrespectueuses, folles, mortifères, essentielles*.

....

....

....

....

2 Docs. 1 et 2 **Quels sont les liens entre le second couplet de *Respire* et l'image de la manifestation ?**

....

....

....

....

JE RETIENS

L'accès aux ressources pour produire, consommer, se loger et se déplacer

mémo > AUDIO

foucherconnect.fr/21hgc036

L'accès aux ressources spatiales pour se loger

• **Malgré la faible augmentation de la population française**, l'artificialisation des sols augmente inexorablement. Des constructions grignotent les espaces naturels. Ainsi, tous les 7 à 10 ans, l'équivalent de la superficie d'un département disparaît en France. Les périphéries des villes ne cessent donc de s'étendre, occasionnant bouchons et pollution.

• **Cette bétonisation inquiète** et des politiques d'aménagement des territoires sont élaborées. Des désaccords émergent quant à l'usage des territoires. À l'échelle locale, des conflits d'usage apparaissent en milieu urbain, notamment concernant le devenir des nombreuses friches industrielles ; à l'échelle départementale ou nationale, les politiques d'aménagement incitent à construire dans les villes pour lutter contre l'étalement.

L'accès aux ressources pour se déplacer

• **Avec l'étalement urbain**, l'usage de la voiture individuelle depuis les années 1970 est croissant. Il a entraîné pollution et saturation des axes routiers. Dans un contexte de changements globaux, de plus en plus de gens prennent conscience des enjeux liés aux déplacements, à l'accessibilité et cherchent des solutions pour trouver des alternatives à la voiture.

• **Le transport de marchandises est essentiellement routier** puisqu'il représente 86 % du transport de marchandises en France. Depuis 30 ans, il n'a cessé d'augmenter et demeure écrasant alors qu'il est cher et qu'il est le mode de transport le plus polluant. Les solutions seraient de favoriser l'approvisionnement local et de redynamiser les transports ferroviaire et fluvial.

Un accès illimité aux ressources pour produire et consommer ?

• **Le modèle de société de consommation** a conçu et exporté une vision du monde qui relie l'amélioration des conditions de vie à une exploitation toujours plus importante de la disponibilité des ressources de la Terre. Ce modèle pose des problèmes de durabilité des ressources. Nos modes de vie induisent souvent une surconsommation. Les objets connectés en sont l'emblème : la place du numérique est croissante et entraîne une pollution considérable, de l'extraction des matières premières à son utilisation.

• **De plus en plus de citoyens prennent conscience du caractère non durable de nos modes de vie** et, souvent par le biais associatif, incitent chacun à diminuer son empreinte écologique. En parallèle, pour réduire la pollution, des politiques de développement durable (ODD) sont mises en œuvre à toutes les échelles. Des lois sont votées pour limiter la publicité, la surconsommation ou l'obsolescence programmée des objets.

Mots-clés

- **Accessibilité** : degré de facilité d'accéder aux ressources pour une population dans un territoire donné.
- **Changements globaux** : désignent tous les changements imprimés aux écosystèmes par l'action de l'homme (dérèglement climatique, diminution des espèces, acidification des océans…). Ces changements sont visibles à toutes les échelles.
- **Disponibilité** : quantité réelle d'une ressource dont dispose une population. Il existe souvent un écart entre les besoins et la disponibilité d'une ressource.
- **Ressources** : mise en valeur d'une richesse potentielle, soit naturelle, soit matérielle ou immatérielle. Il n'y a pas de ressource sans besoin des sociétés : toute ressource est donc créée et non découverte.

À l'échelle mondiale : des engagements et des objectifs internationaux de développement durable

Les Objectifs de développement durable (ODD) sont nés lors de la Conférence de Rio sur le développement durable, en 2012. Cet ensemble d'objectifs universels a été élaboré par l'ONU en vue de relever les défis urgents auxquels notre monde est confronté sur le plan écologique, politique et économique. Chacun des 17 objectifs est interdépendant des autres ; ainsi, par exemple, lutter contre la menace du changement climatique influence notre façon de gérer nos ressources naturelles.

À l'échelle européenne : une détermination à intégrer les ODD dans toutes les politiques de l'UE

L'UE dispose de bases solides en matière de développement durable et est déterminée à jouer un rôle de chef de file dans la mise en œuvre du programme des Nations unies à l'horizon 2030. L'UE s'engage à intégrer les ODD dans les politiques et les initiatives de l'UE dans tous les domaines, en faisant du développement durable un principe essentiel pour l'ensemble des politiques de la Commission européenne et en mesurant chaque année les progrès accomplis par l'UE.

À l'échelle nationale : prise de conscience politique et sociétale des ODD débouchant sur des mesures et des lois

En 1971, le premier ministère de l'Environnement est créé.
En 2007, un Grenelle de l'environnement a été mis en place par le président Nicolas Sarkozy, visant à créer les conditions favorables pour l'écologie, le développement et l'aménagement durables.
En décembre 2019, pour sortir de la crise des Gilets jaunes, née dans la contestation d'une nouvelle hausse des prix du carburant en novembre 2018, le président de la République a décidé de mettre en œuvre une Convention citoyenne pour le climat. Cette dernière a pour mandat d'accélérer la lutte contre le changement climatique et de définir une série de mesures permettant d'atteindre une baisse d'au moins 40 % des émissions de gaz à effet de serre d'ici 2030 dans un esprit de justice sociale. Ces mesures seront soumises et votées au Parlement.

La Convention citoyenne pour le climat

L'OBSOLESCENCE PROGRAMMÉE

À l'échelle locale : associations, citoyens, entreprises

Des associations citoyennes, des entreprises, des agriculteurs et des citoyens sont les moteurs de la transition écologique. Ils forment des groupes d'influence pour plus de sobriété énergétique, un plus grand respect de la nature, le recyclage des vêtements, des objets et de l'électroménager, ou un développement des modes de transport plus doux par exemple.

JE MOBILISE MES CONNAISSANCES

1. Complétez le schéma ci-dessous.

UN ACCÈS AUX RESSOURCES DE PLUS EN PLUS TENDU LIÉ…

… à la démographie

……………………………………

… à l'économie

……………………………………

… aux territoires

……………………………………

… aux modes de vie

……………………………………

ET QUI INCITE À

se loger plus durablement

……………………………………

se déplacer plus durablement

……………………………………

produire et consommer plus durablement

……………………………………

2. En tant que citoyen face aux changements globaux, après l'étude du chapitre, vous décrirez ce que vous voulez garder, ce que vous voulez supprimer et ce que vous voulez transformer dans votre vie future.

	Ce que je veux garder	Ce que je veux transformer	Ce que je veux supprimer
Se loger			
Se déplacer			
Produire			
Consommer			

J'ÉVALUE MES COMPÉTENCES...

Géographie THÈME 1

L'accès aux ressources pour produire, consommer, se loger et se déplacer

> À l'issue de l'étude du thème je révise et je m'entraîne sur des capacités du programme.

CAPACITÉS MOBILISÉES

- Maîtriser et utiliser des repères chronologiques et spatiaux.
- Questionner un/des documents pour conduire une analyse historique ou géographique.
- Confronter des points de vue d'acteurs différents.
- Exercer son esprit critique.

1. Questions de connaissances

1 **Sur le planisphère ci-dessous, localisez, nommez puis coloriez les cinq principaux pays consommateurs d'énergie.**

Voir les pays consommateurs d'énergie sur le rabat II de l'ouvrage.

2 **Mémoriser et s'approprier les notions :**
Parmi les trois définitions suivantes, choisissez celle qui correspond au mot « ressources », puis justifiez votre choix.

❑ **Ressources** : mise en valeur d'une richesse potentielle, soit naturelle, soit matérielle ou immatérielle. Il n'y a pas de ressource sans besoin des sociétés : toute ressource est donc créée et non découverte.

❑ **Ressources** : mise en valeur d'une richesse potentielle, soit naturelle, soit matérielle ou immatérielle. Il n'y a pas de ressource créée par les sociétés : toute ressource est découverte.

❑ **Ressources** : mise en valeur d'une richesse potentielle, soit naturelle, soit matérielle ou immatérielle. Une ressource peut exister sans besoin des sociétés.

....

....

....

....

2. Étude de cas : projet d'enfouissement de déchets nucléaires à Bure, un conflit d'usage

La France est le premier pays au monde en nombre de réacteurs nucléaires en exploitation par habitant et le deuxième producteur mondial d'électricité nucléaire : 58 réacteurs produisent près de 75 % de l'électricité totale nationale pour 67 millions d'habitants. Les matières radioactives font partie intégrante de la problématique de sûreté et de sécurité du nucléaire français.

Doc. 1 L'État choisit un site dans la Meuse

En 1998, l'État retient le site de la Meuse pour l'implantation d'un laboratoire souterrain et d'un centre d'enfouissement de déchets radioactifs.

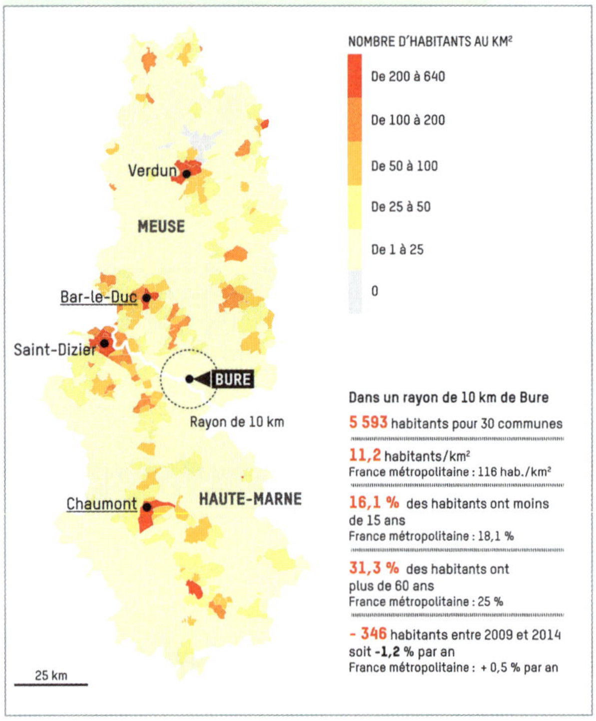

Mathilde Costil, Sylvie Gittus et Eugénie Dumas, « Projet d'enfouissement de déchets nucléaires : les enjeux de la contestation en cartes », *Le Monde*, 22 février 2018.

Doc. 2 Le projet de stockage des déchets radioactifs

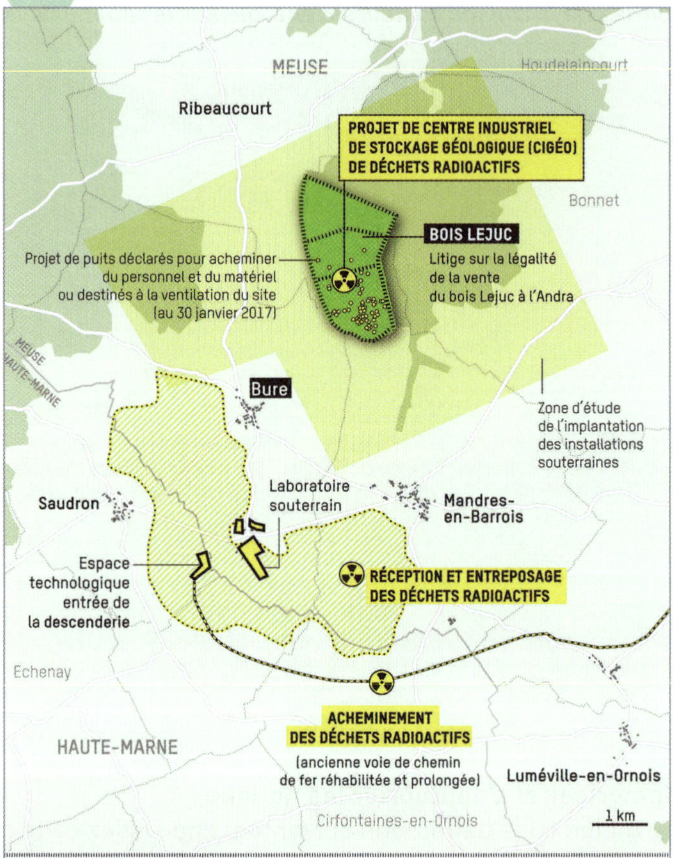

Le projet Cigéo en chiffres

85 000 m³ de déchets	500 m de profondeur	300 km
hautement radioactifs et à vie longue (radioactivité présente de plusieurs centaines de milliers d'années à plusieurs millions d'années)	Stockage de 200 000 colis radioactifs dans une couche d'argile de 140 mètres d'épaisseur, réputée pour sa stabilité	de galeries sur 15 km²

1 Doc. 1 **Identifiez des raisons qui ont conduit l'État à privilégier cette localisation pour implanter un centre d'enfouissement des déchets radioactifs.**

....

....

....

....

2 Doc. 2 Quel est l'intérêt du site géologique pour stocker les déchets radioactifs ?

....

....

3 Doc. 2 Quels sont les avantages de l'enfouissement pour la préservation du paysage ?

....

....

4 Docs. 1 et 2 Indiquez en résumé les atouts et les limites de ce projet.

ATOUTS :	LIMITES :
....	....
....	....
....	....
....	....
....	....

Doc. 3 Un projet contesté

Mme Charlotte Mijeon, militante de l'association « Sortir du nucléaire », explique à l'Assemblée nationale le 28 juin 2018 pourquoi elle conteste le projet d'enfouissement de déchets nucléaires à Bure.

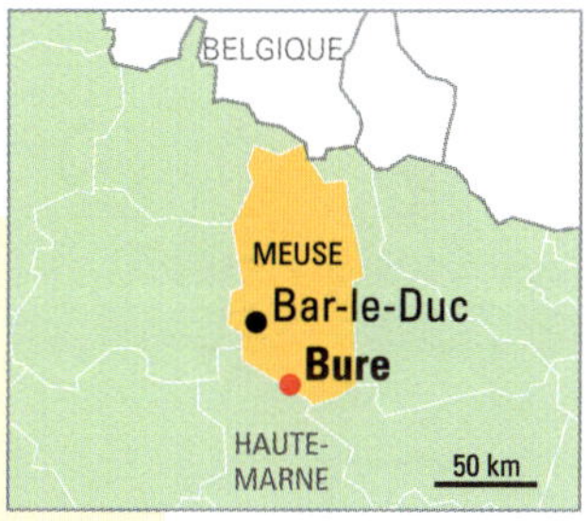

« L'installation semble sur les rails, alors même qu'elle présente des défauts intrinsèques : il existe un risque d'incendie souterrain non maîtrisable ; l'architecture est telle qu'elle ne permet pas de limiter les rejets en surface ; les modalités de surveillance, pour l'instant, posent problème. Enfin, on peut douter de la capacité, en cas d'accident, à récupérer les déchets, à poursuivre le stockage ou même à intervenir. »

Rapport fait au nom de la commission d'enquête sur la sûreté et la sécurité des installations nucléaires, par Paul Christophe et Barbara Pompili, députés, Assemblée nationale, juin 2018

5 Doc. 3 Quels doutes peut-on émettre en cas d'accident ?

....

6 Docs. 1 à 3 Chacun consomme de l'électricité au quotidien et cette ressource énergétique est indispensable. Vous expliquerez pourquoi la production d'électricité à 75 % nucléaire en France est complexe.

....

....

....

....

....

....

....

....

....

THÈME 2

Géographie

Les sociétés et les risques : anticiper, réagir, se coordonner et s'adapter

Les sociétés sont exposées à de nombreux et divers risques, d'origine naturelle ou anthropique (humaine), qui donnent parfois lieu à des catastrophes dont la fréquence augmente, dans un contexte de dérèglements climatiques de plus en plus perceptibles.
Quels sont les risques ? Comment les sociétés y font face ? Et comment s'adaptent-elles aux effets du changement global ?

#lien
www.georisques.gouv.fr
foucherconnect.fr/21hgc040

Je DÉCOUVRE

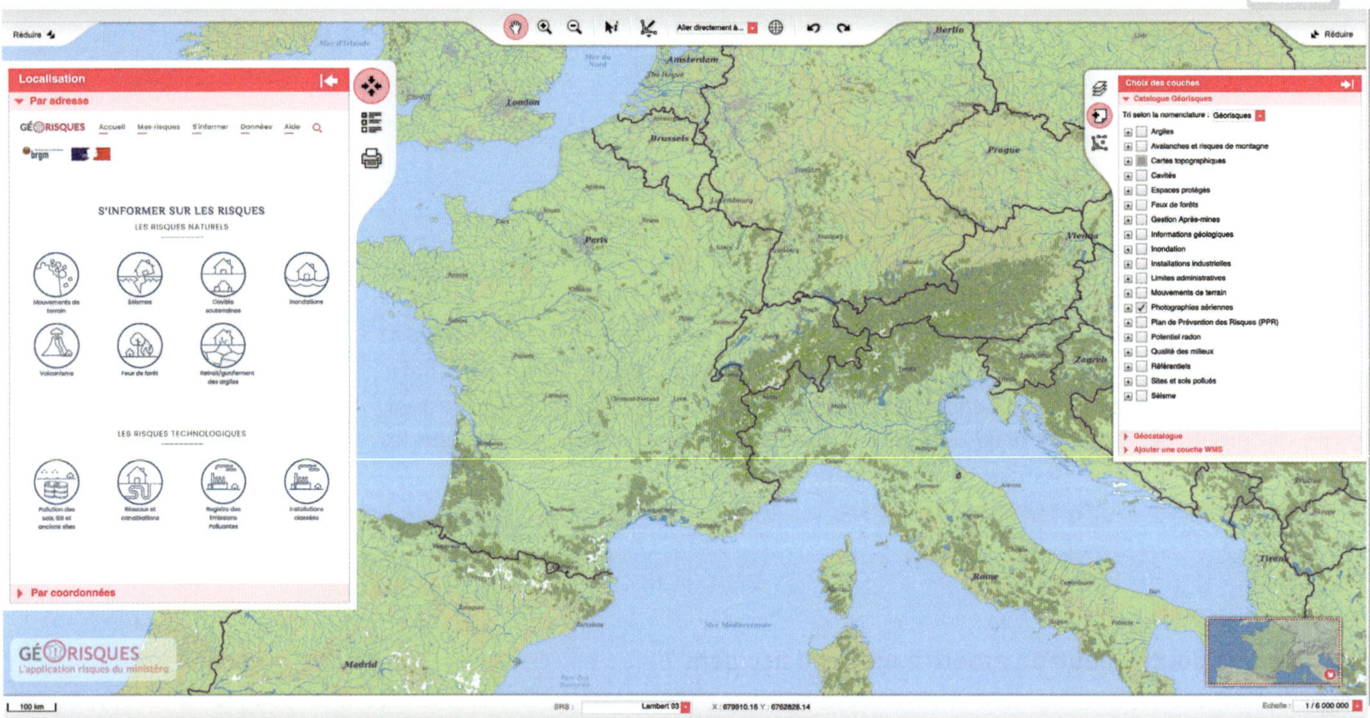

Extraits du site Internet Géorisques qui répertorie les risques existants pour un lieu donné sur l'ensemble du territoire national.

- **Présentez le document.**

....

....

....

- **Expliquez l'intérêt de cet outil.**

....

- **Cherchez sur ce site les risques présents dans votre commune.**

....

....

....

Je me REPÈRE

1. Vaccination des petits ruminants, 2017, Mauritanie

2. Mars 2011, ville de Miyako, Japon

3. Août 2020, lagon de l'île Maurice

D'après vos connaissances et en vous aidant du document de la page précédente, classez dans le tableau ci-dessous ces différents risques : avalanche, explosion d'usine, éruption volcanique, séisme, attentat, inondation, épidémie, marée noire, tsunami, tempête, rupture de barrage, piratage informatique, fuite de produits toxiques, cyclone, glissement de terrain, canicule, épizootie (épidémie touchant les animaux), conflit armé, tornade, accident nucléaire.

Associez le chiffre de chacune des trois images ci-dessus avec son risque.

Risques naturels telluriques	....
Risques naturels climatiques	....
Risques technologiques, liés aux activités humaines	....
Risques sanitaires	....
Autres risques : géopolitiques, militaires, cyber	....

Je COMPRENDS

La culture du risque

C'est la connaissance par tous les acteurs des phénomènes naturels et l'appréhension de la vulnérabilité. L'information des populations, et ceci dès le plus jeune âge, est le moteur essentiel pour faire progresser la culture du risque. Celle-ci doit permettre d'acquérir des règles de conduite et des réflexes, mais aussi de débattre collectivement des pratiques, des positionnements, des enjeux, etc. Développer la culture du risque, c'est améliorer l'efficacité de la prévention et de la protection. En faisant émerger toute une série de comportements adaptés lorsqu'un événement majeur survient, la culture du risque permet une meilleure gestion du risque.

DDE 59 cité par *Géoconfluences*, 2019.

1 Expliquez l'intérêt de développer une culture du risque.

....

....

....

2 Pourquoi le débat collectif semble important au-delà de l'établissement de règles ?

....

....

ÉTUDE 1

Des sociétés de plus en plus exposées à des risques variés

CAPACITÉS
- **Situer** un risque climatique dans son contexte et **justifier** l'organisation de sa gestion.
- **Analyser** le traitement médiatique d'un aléa ou d'un risque et **dégager les limites** de ce traitement.

S'il existe différents risques d'origine naturelle, les risques liés aux activités humaines augmentent et se combinent. À quels risques les sociétés doivent-elles faire face ?

1 Des risques de différentes origines

Doc. 1 Aléa, vulnérabilité, risque et catastrophe

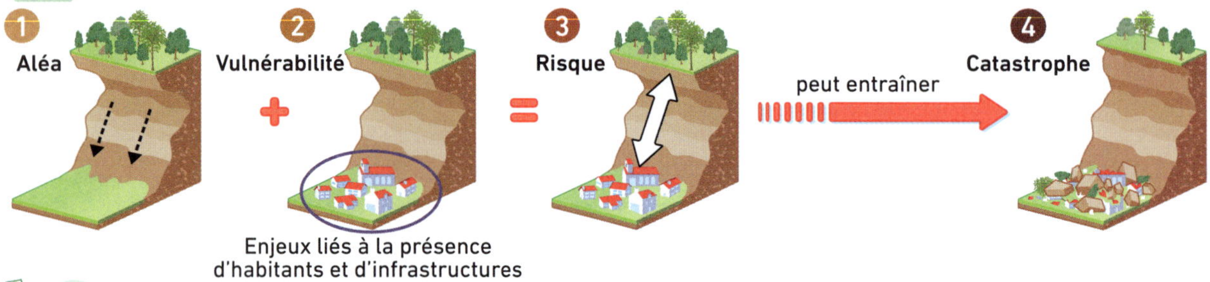

1 Doc. 1 Associez chaque définition à la notion/image qui lui correspond.

– Degré de fragilité d'une société face à un aléa : ....

– Phénomène qui a une probabilité plus ou moins forte de se réaliser : ....

– Événement brutal lié à la réalisation d'un risque provoquant victimes et destructions : ....

– Danger potentiel pouvant affecter une société ; le risque n'existe que s'il y a exposition de biens et de personnes vulnérables à un aléa : ....

Doc. 2 L'inégale répartition des aléas naturels dans le monde

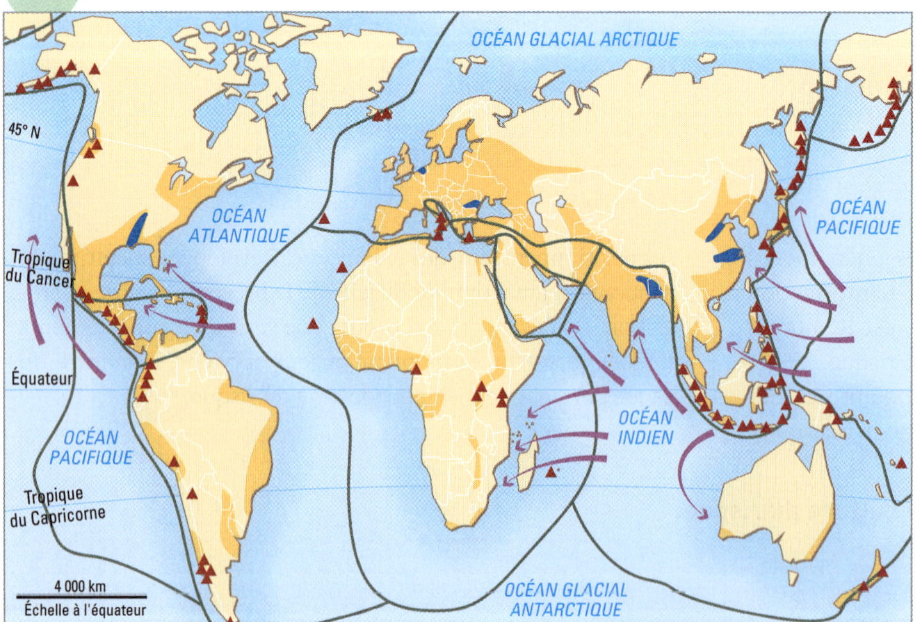

*On utilise le terme d'ouragan sur le continent américain, de typhon dans le Pacifique Nord et de cyclone dans le Pacifique Sud et l'océan Indien.

carte interactive
foucherconnect.fr/21hgc109

2 Doc. 2 Repérez les espaces les plus exposés aux risques naturels en expliquant pourquoi.

....

Doc. 3 Une catastrophe industrielle : l'exemple de Lubrizol à Rouen

 # vidéo
Incendie dans une usine chimique Lubrizol à Rouen – 1,52 min
foucherconnect.fr/21hgc041

Dans la nuit du 25 au 26 septembre 2019, un incendie se déclare sur le site de Lubrizol à Rouen. L'usine implantée sur la rive gauche depuis 1954 est classée Seveso*. Plus de 9 000 tonnes de produits chimiques partent en fumée.
À cause de l'incendie, un immense panache de fumée noire se forme au-dessus de l'agglomération et même au-delà. Les habitants se plaignent des mauvaises odeurs et ils s'inquiètent des conséquences sur la santé et sur l'environnement.
Dans 216 communes, dont 112 en Seine-Maritime, les agriculteurs se voient interdire pendant trois semaines de collecter et vendre leur lait, leurs productions agricoles et même de récolter. Le coup est rude financièrement.
La parole politique ne parvient pas à rassurer la population. Les habitants manifestent à plusieurs reprises pour demander la transparence et la vérité. Lubrizol s'engage à dédommager les agriculteurs, les commerçants, les entreprises et les communes qui ont subi les retombées de l'incendie.

* Seveso : directive européenne identifiant les sites industriels dangereux, présentant des risques d'accidents.

Éric Turpin et Germain Arrigoni,
Radio France/France Bleu, 26 novembre 2019.

3 Doc. 3 **Résumez ce qui s'est passé à l'usine Lubrizol de Rouen.**

....

....

4 Doc. 3 **Expliquez quelles ont été les conséquences de cet accident.**

....

....

....

....

....

....

5 Doc. 4 **Remplissez le tableau.**

Doc. 4 Les catégories de risques d'après le site du gouvernement français

Exemple que je connais déjà : ....
Mes recherches pour définir, compléter : ....
....

Exemple que je connais déjà : ....
Mes recherches : ....
....

Exemple évoqué dans le Doc. 3 : ....
Autres exemples que je connais : ....
Mes recherches : ....

Exemples donnés dans le Doc. 2 : ....
Autres exemples : ....
Mes recherches : ....

Exemple : ....
Mes recherches : ....
....

2 Changement climatique et risques systémiques

vidéo
Le changement climatique
apc-paris.com – 3,54 min
foucherconnect.fr/21hgc042

Doc. 1 Médiatisation du changement climatique

2,70 € Première édition. N° 11595 — SAMEDI 8 ET DIMANCHE 9 SEPTEMBRE 2018 — www.liberation.fr

Libération

URGENCE CLIMATIQUE

LE SOS DE 700 SCIENTIFIQUES

«Nous sommes d'ores et déjà pleinement entrés dans le "futur climatique". Hausse des températures moyennes et récurrence des chaleurs extrêmes, fonte des glaciers et de la banquise, sécheresses, modification de l'aire de distribution de certains animaux et espèces végétales, destruction d'écosystèmes rares et précieux, hausse du niveau de la mer, désoxygénation et acidification des océans...» PAGES 2-9

En Californie, en août 2016. JAMES BALOG. EARTH VISION INSTITUTE

Checknews
Enquête sur la «chasse à l'homme» de Chemnitz
PAGES 12-13

Le Média
Règlements de comptes garantis sur factures
PAGES 16-17

WEEK-END

Images
Visa pour l'exil
PAGES 27-34

Musique
YouTube à l'heure critiques
PAGES 35-40

Livres
Londres pris homo
PAGES 41-48

Une du journal *Libération*, septembre 2018.

1 Doc. 1 Analysez comment le journal alerte sur le changement climatique.

....

....

....

....

....

....

2 Doc. 1 Qui est visé selon vous ?

....

....

....

....

Doc. 2 Les conséquences probables du réchauffement climatique

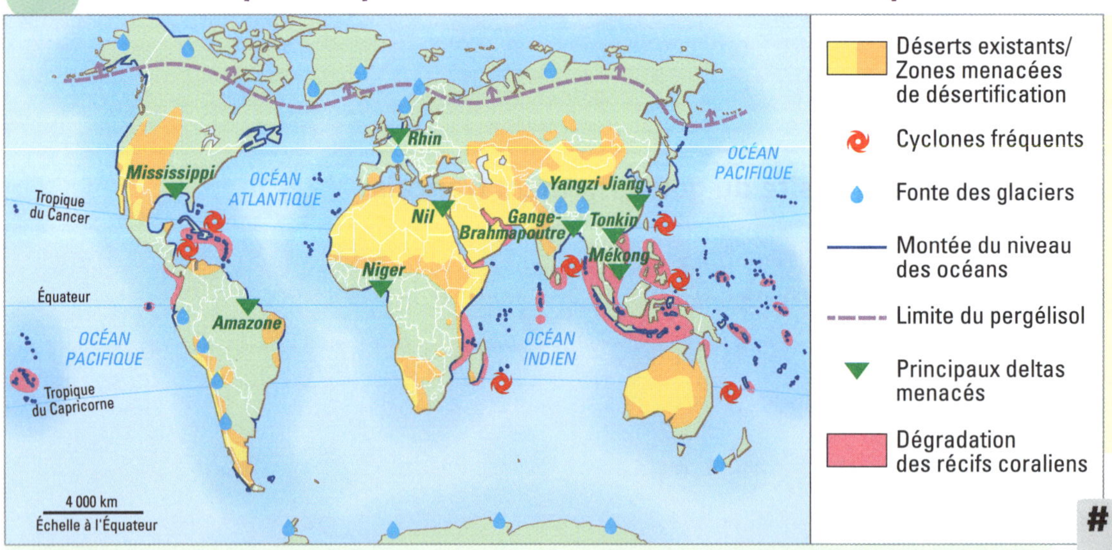

Cette carte synthétise différentes projections scientifiques. Le changement climatique aurait un effet d'amplificateur sur certains épisodes naturels (inondations, vagues de sécheresse, de froid...), devenant plus ou moins intenses et fréquents selon les scénarios, mais aussi pour des phénomènes liés à l'homme (comme la déforestation, la mort des coraux).

En France, les effets seraient multiples : au Nord des épisodes caniculaires plus intenses et longs, dans les Alpes la disparition des glaciers, un envahissement par la mer de certains littoraux, une désertification au niveau du pourtour méditerranéen et une augmentation du risque d'incendies en été sur le territoire.

carte interactive
foucherconnect.fr/21hgc110

3 Doc. 2 Précisez quel impact le changement climatique a sur les aléas naturels.

....

....

4 Doc. 2 Citez des espaces particulièrement menacés.

....

....

Doc. 3 Changement climatique et santé

5 Doc. 3 Identifiez l'auteur, la nature de ce document et son objectif.

....

....

....

....

....

6 Doc. 3 Entourez sur le document les ressources affectées par le changement climatique.

7 Doc. 2 et 3 On parle de plus en plus de risques systémiques, c'est-à-dire interagissant ensemble, combinés les uns aux autres. Justifiez l'emploi de ce terme en développant par exemple le lien entre hausse des températures et famines.

....

....

....

....

Je fais le point sur... Des sociétés de plus en plus exposées à des risques variés

→ *Remplissez le schéma suivant.*

Depuis toujours, il y a des aléas naturels qui constituent dans les zones peuplées : ....

....

Des régions sont plus menacées :

....

....

....

D'autres risques existent et se sont développés (avec l'augmentation des activités humaines, la mondialisation, Internet) :

....

....

....

....

Une prise de conscience se fait concernant le risque climatique qui se manifeste par : ....

....

Il se traduit de différentes formes en divers endroits du monde, ex. :

....

....

....

→ Les risques se combinent et deviennent complexes, accroissant les dangers, on parle de risques ....

ÉTUDE 2

Une vulnérabilité accrue par les risques globaux

CAPACITÉS
- **Situer** un risque climatique dans son contexte et **justifier** l'organisation de sa gestion.
- **Réaliser une production cartographique** simple montrant la vulnérabilité d'un territoire.

 # vidéo
Séismes meurtriers – 1,39 min
foucherconnect.fr/21hgc043

La vulnérabilité est inégale selon les sociétés et elle s'accroît face au changement global. Pourquoi ?

1 À l'échelle mondiale

Doc. 1 Tableau comparatif de 2 séismes

Séisme en 2018 (suivi de glissements de terrain dans les deux cas)	**Indonésie**, île de Lombok, 5/8/2018 (ville touchée : Mataram, 403 000 hab.)	**Japon**, île d'Hokkaido, 6/9/2018 (ville touchée : Sapporo, 2,6 millions d'hab.)
Magnitude (échelle de Richter)	6,9	6,6
IDH en 2018	146e rang (0,707)	28e rang (0,915)
Dégâts humains	Près de 500 morts, des dizaines de milliers de blessés (plus de 350 000 sans-abri)	44 décès et 660 blessés (2 700 personnes hébergées dans des refuges)

1 Doc. 1 et 2 p. 90 Dites pourquoi l'Indonésie et le Japon connaissent fréquemment des séismes.

....

2 Doc. 1 Montrez que l'Indonésie (avec un séisme de presque même intensité) n'est pas touchée de la même manière que le Japon. Comment expliquez-vous cette inégalité ?

....

....

....

....

Doc. 2 Des risques aggravés par les aménagements humains

 # lien
Affiche ADEME
foucherconnect.fr/21hgc044

Extrait de l'infographie « Pourquoi se soucier de nos sols ? » de l'ADEME (Agence de la transition écologique)

3 Doc. 2 Expliquez le titre.

....

....

....

....

....

....

4 Doc. 2 Déterminez l'objectif de cette infographie.

....

....

Doc. 3 Inondation après la rupture d'un barrage hydroélectrique au Laos, juillet 2018

Le Laos équipe massivement ses rivières pour répondre à la demande énergétique de l'Asie du Sud-Est, mais ce petit pays n'a pas la capacité technique et de gouvernance pour contrôler la qualité des constructions et leurs conséquences pour l'environnement. Le système d'alerte du pays n'étant que peu performant, la population n'a pas été prévenue à temps et le flot a submergé sept villages.

 # vidéo
Rupture de barrage (Laos)
– 1,34 min
foucherconnect.fr/21hgc045

5 Doc. 3 Identifiez de quel type de risque il s'agit ici.

....

....

....

6 Doc. 3 Expliquez pourquoi l'industrialisation récente des pays en voie de développement augmente les risques.

....

....

....

....

Doc. 4 L'émergence de nouveaux virus

Un ensemble de facteurs font qu'un virus peut infecter l'humain et à la fois se transmettre de plus en plus rapidement. La plupart du temps, les virus n'ont pas vocation à infecter l'homme. Ce sont des virus animaux dont on a favorisé la transmission animal à humain, notamment à cause de la déforestation. On s'aventure dans des forêts autrefois inaccessibles. On augmente la surface d'échange entre les humains et ce monde sauvage, animal, peu étudié et porteur de virus inconnus. On pense aussi que les pluies, les inondations et le réchauffement climatique pourraient jouer un rôle dans la diffusion de ces nouvelles épidémies. Et leur propagation est largement favorisée par le transport aérien. Avant, il fallait plusieurs semaines pour aller d'un continent à un autre. Désormais, en quelques heures, vous avez des migrations massives de populations.

Séraphine Charpentier, *tv5monde.com*, 1er février 2020.

7 Doc. 4 Soulignez les facteurs favorisant l'apparition de nouveaux virus.

Doc. 5 Les conséquences géopolitiques du changement climatique

Les travaux de prospective de l'ONU, du Groupe international d'experts sur le changement climatique (GIEC) et de l'Organisation internationale des migrations font apparaître que les années et les décennies qui viennent risquent d'être marquées par des migrations « climatiques » pouvant affecter de 250 millions à plus d'1,5 milliard de personnes. Ces migrations risquent d'être déclenchées par la mise en synergie des effets du changement climatique sur des systèmes agricoles fragiles, sur le cycle de l'eau dont dépendent des populations entières, des infrastructures et des États fragiles. En d'autres termes, l'estimation haute fait apparaître que plus de 15 % à 20 % de l'humanité pourraient entrer en migration, tant à l'intérieur des pays, comme c'est le cas aujourd'hui au Bangladesh, qu'au niveau international et ce, sur l'ensemble des continents. [...] D'un côté, la combinaison de l'aggravation continue du changement climatique et de la concurrence internationale pour les ressources peut entraîner une multiplication des conflits, ainsi que la montée des extrêmes et la dislocation de nations, d'États, de sociétés entières. [...] Cependant, d'un autre côté, face à ce risque immense, des possibilités de coopérations tout aussi immenses existent et commencent à émerger.

© Entretien avec Jean-Michel Valantin par Eugénie Bastié, *Le Figaro*, 2 janvier 2018.

8 Doc. 5 Résumez en quelques lignes le propos de ce document.

....

....

....

....

2 À l'échelle régionale, l'exemple de territoires ultramarins français : Guadeloupe et Martinique, des îles de plus en plus menacées ?

Doc. 1 Les Antilles exposées à une large palette de risques naturels

Les Antilles font partie des départements les plus exposés au risque sismique : elles sont classées en niveau 5 du zonage sismique réglementaire, soit le plus fort en territoire français. [...]
Des tsunamis – locaux ou lointains – ayant pour origine un séisme majeur ou un important glissement de terrain sous-marins peuvent également impacter les zones littorales.
Le risque d'ouragan est une réalité saisonnière. L'année 2017 l'a montré avec l'enchaînement inédit de trois cyclones majeurs : Irma, José et Maria en septembre. Les îles de Saint-Martin et Saint-Barthélemy ont été particulièrement frappées par l'intensité exceptionnelle d'Irma, quand la Guadeloupe et la Martinique ont subi les conséquences de Maria. Les changements climatiques font redouter des cyclones régulièrement plus forts.
La Martinique est soumise à de nombreux risques naturels tels que les séismes, les tsunamis, les éruptions volcaniques, les cyclones tropicaux voire ouragans.
La Guadeloupe est également exposée à des mouvements de terrain de nature diverse. Dans les zones côtières, les falaises littorales sont soumises à érosion, engendrant des chutes de blocs et des écroulements en masse. [...] Le massif volcanique actuellement actif est celui de la Soufrière, au sud de l'île de la Basse-Terre. La récurrence des éruptions phréatiques est estimée de 20 à 100 ans.
On considère ainsi que 15 % de la population guadeloupéenne est située en zone potentiellement inondable par crue torrentielle ou ruissellement, et 11 % par submersion marine. Les inondations peuvent survenir hors saison cyclonique et les différents types d'inondations sont souvent concomitants.

Extrait du rapport d'information n° 688 T.1 (2017-2018) de MM. Guillaume Arnell, rapporteur coordonateur, Mathieu Darnaud et Mme Victoire Jasmin, fait au nom de la Délégation sénatoriale aux Outre-mer, déposé le 24 juillet 2018.

1 Doc. 1 Soulignez en rouge tous les risques naturels auxquels sont exposées les Antilles françaises.

2 Doc. 1 Soulignez en bleu un autre danger lié au changement climatique.

Doc. 2 Simulation de montée des eaux (hypothèse la plus catastrophique avec + 60 m)

On peut choisir d'autres scénarios moins alarmistes : voir sur le site flood.firetree.net.

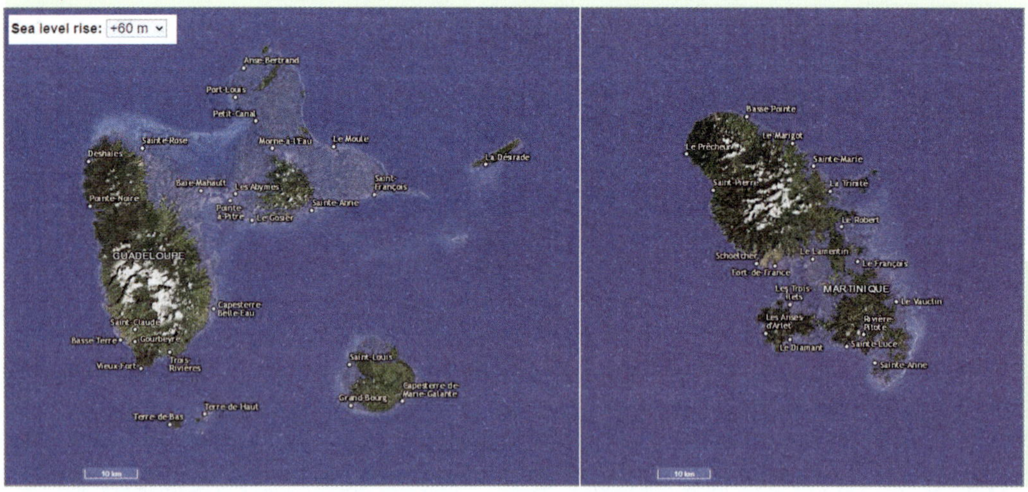

 # lien
Simulation
foucherconnect.fr/21hgc046

Le site de simulation cartographique **flood.firetree.net** permet de visualiser les effets de l'élévation du niveau des mers partout dans le monde et selon différents scénarios.

3 Doc. 2 Déterminez les conséquences de la montée du niveau de la mer pour les deux îles antillaises si cette hypothèse se réalisait.

....

....

....

4 Doc. 2 Quel est l'intérêt de réaliser des images de simulation en géographie ?

....

Doc. 3 Construction d'un croquis : la vulnérabilité de la Guadeloupe et de la Martinique

 # vidéo Ouragan Maria – 1,04 min
foucherconnect.fr/21hgc047

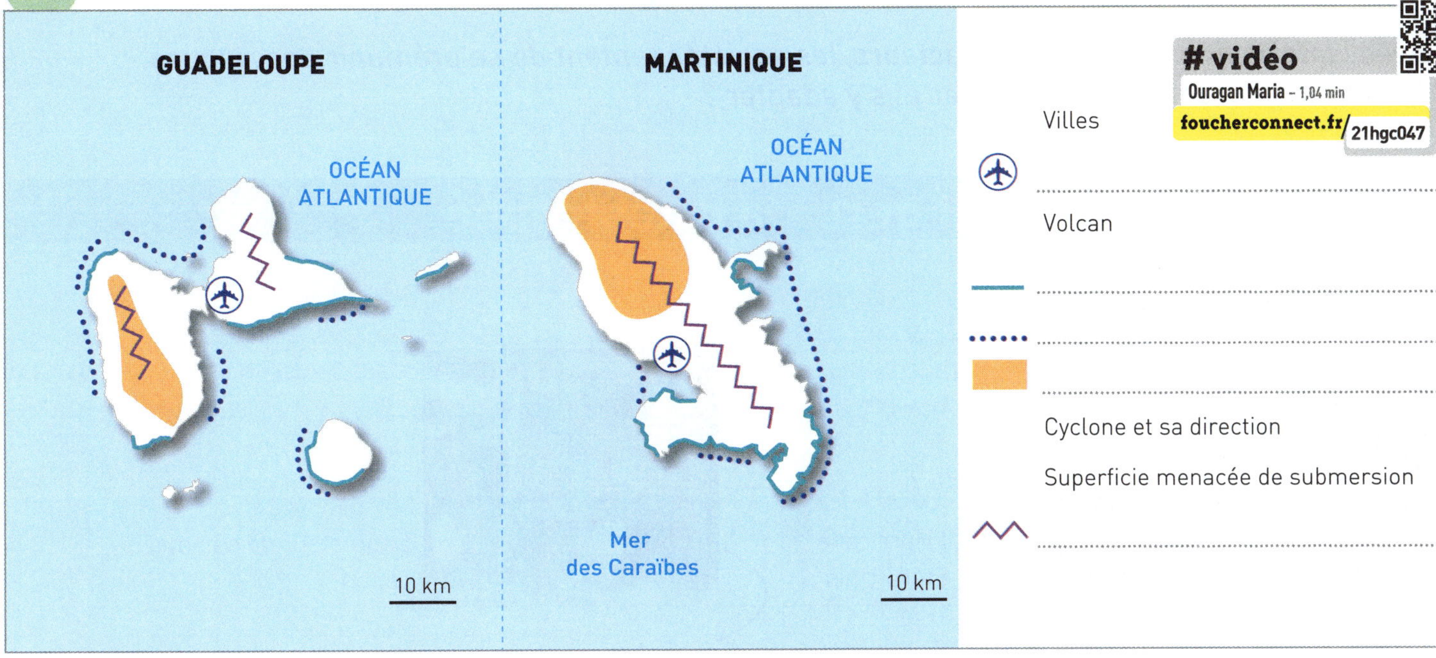

5 À l'aide du document 2 de la page précédente et de recherches, replacez certains éléments sur les cartes ci-dessus (en respectant et en proposant les symboles cartographiques appropriés) :
- les villes de Fort-de-France, Basse-Terre et Pointe-à-Pitre ;
- la superficie menacée de submersion par le réchauffement climatique ;
- les deux volcans (la Montagne Pelée et la Soufrière) ;
- la trajectoire des cyclones tropicaux/ouragans (voir carte des aléas naturels page 90).

Complétez les textes manquants de la légende en utilisant ces propositions : *zones montagneuses peu peuplées, littoral touristique aménagé, récifs coralliens, aéroport, aléa sismique.*

Je fais le point sur… Une inégale vulnérabilité, accrue par les nouveaux risques globaux

→ *Complétez la synthèse suivante.*

Une vulnérabilité inégale dans le monde

- Les pays développés : ……………………………………………
……………………………………………
- Les pays en développement : ……………………………………………
……………………………………………

Leur industrialisation plus récente fait augmenter les risques ……………………………………………

Une vulnérabilité aggravée par les activités humaines

Constructions, transports, déboisement, pollution…

↓ Favorisent

par exemple : ……………………………………………
……………………………………………
……………………………………………
……………………………………………
……………………………………………

Une vulnérabilité accrue avec le changement climatique et ses conséquences globales

……………………………………………
……………………………………………
……………………………………………
……………………………………………
……………………………………………
……………………………………………
……………………………………………
……………………………………………

ÉTUDE 3

La gestion des risques

CAPACITÉS

- **Situer** un risque climatique dans son contexte et **justifier** l'organisation de sa gestion.

Avec l'intervention de différents acteurs, les sociétés tentent de se prémunir des risques. Comment peuvent-elles les limiter et s'y adapter ?

1 Mieux prévenir et gérer la catastrophe

Doc. 1 Exemples d'actions

National Hurricane Center, États-Unis

Simulateur de séisme, Japon

Simulation d'une attaque terroriste, Belgique

Affiche de l'ARS face à l'épidémie de dengue, Réunion, 2020

Brise-lame à Madère, Portugal

Déclenchement d'avalanche dans les Alpes

1 Doc. 1 **Pour chaque image, résumez le moyen utilisé pour prévenir ou se préparer aux risques et protéger les populations.**

Doc. 2 La lutte contre la cybercriminalité

Un Français de 40 ans a été interpellé le 7 juillet en Gironde. Il est soupçonné d'avoir administré des sites pédophiles sur le darknet, un sous-réseau d'Internet qui permet une anonymisation poussée des utilisateurs. Il aurait permis à « des milliers d'internautes dans le monde d'avoir accès à des photographies ou vidéos à caractère pédopornographique », a annoncé lundi 13 juillet Frédérique Porterie, la procureure de la République de Bordeaux.

Le quadragénaire était identifié comme « l'une des dix cibles prioritaires mondiales », a ajouté Frédérique Porterie. Domicilié en Gironde, l'homme semble aussi « avoir joué un rôle actif dans la production de photographies ou de vidéos à caractère pédopornographique ».

Son interpellation a été menée par les enquêteurs de l'Office central pour la répression des violences aux personnes (OCRVP), de la police judiciaire française, en collaboration avec EUROPOL*, en charge de la lutte contre les réseaux pédopornographiques.

* EUROPOL : agence européenne de police criminelle.

Midilibre.fr, 13 juillet 2020.

2 Doc. 2 **Précisez de quel risque il s'agit dans cet exemple et dites qui lutte contre.**

....

....

....

....

Doc. 3 Conférence des Nations unies sur le changement climatique

Durant deux semaines, la 25e conférence des Nations unies sur le climat (COP25), qui s'est achevée à Madrid dimanche 15 décembre (2019), a accueilli les témoignages de jeunes du monde entier, inquiets pour leur futur. Les petits États insulaires menacés de disparition par l'élévation du niveau des océans ont fait part de leur détresse. Les peuples indigènes amazoniens, victimes de la déforestation, ont alerté sur leur vulnérabilité. Des rapports d'éminents scientifiques sont venus confirmer la fonte irréversible des glaciers si rien ne change. Mais, à l'heure des décisions, ce sommet sur le climat a donné un désolant spectacle d'inaction.

Symbole de cette impuissance, la COP25 s'est terminée dans la douleur, avec quarante-deux heures de retard, laissant le sentiment que la communauté internationale est incapable de se hisser à la hauteur des enjeux, avec des États empêtrés dans des querelles sans fin, des marchandages constants, des reculs et des remises en question de l'état de la science.

Éditorial, *Lemonde.fr*, 16 décembre 2019.

3 Doc. 3 **Recherchez ce que signifie COP25. Quel en est l'objectif ?**

....

....

....

4 Doc. 3 **Qualifiez le bilan de cette conférence d'après le journal et justifiez.**

....

....

Doc. 4 Équipe de secouristes français à Beyrouth

Après la double explosion du 4 août 2020 dans le port de Beyrouth qui a ravagé une partie de la ville faisant 180 morts et des milliers de blessés et qui a aggravé la crise économique et politique du pays (et ce en pleine pandémie de Covid-19), l'aide internationale a afflué de la part d'États et d'ONG sous différentes formes : financière, médicale, en vivres...

 # vidéo
Explosion à Beyrouth – 1,45 min
foucherconnect.fr/21hgc048

5 Doc. 4 **Rappelez ce qui s'est passé à Beyrouth.**

....

....

....

....

6 Doc. 4 **Pourquoi le Liban a besoin de l'aide internationale ?**

....

....

....

....

....

2 Les acteurs de la gestion des risques en France, l'exemple du littoral aquitain

Doc. 1 L'érosion du littoral : l'exemple de Soulac-sur-Mer

Symbole du recul du trait de côte, l'immeuble Le Signal a été vidé de ses habitants pour être détruit.

 # vidéo
Soulac-sur-Mer : l'immeuble Le Signal symbole de l'érosion marine – 1,53 min
foucherconnect.fr/21hgc049

1 Doc. 1 Décrivez la photographie.

....

....

....

....

....

....

....

....

 # lien
climatecentral.org
foucherconnect.fr/21hgc070

Doc. 2 Les territoires qui risquent une inondation par an en 2050 de la Charente-Maritime à la Gironde d'après le site climatecentral.org

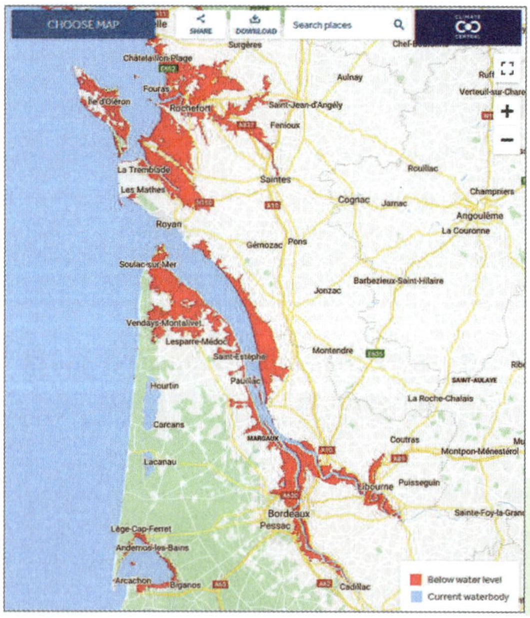

Le site américain climatecentral.org propose une carte interactive permettant de visualiser différents scénarios mesurant l'impact de l'élévation du niveau des océans.

2 Doc. 2 Identifiez les dangers qui menacent les littoraux aquitains à cause du réchauffement climatique. Quelles solutions pourraient être envisagées ?

....

....

....

....

....

....

....

 # vidéo
Présentation de l'Observatoire de la Côte Aquitaine – 3,07 min
foucherconnect.fr/21hgc050

Doc. 3 L'Observatoire de la Côte Aquitaine

Créé en 1996, l'Observatoire de la Côte Aquitaine a pour rôle de mettre au service des acteurs du littoral un outil d'observation, d'aide à la décision et de partage de la connaissance pour la gestion et la prévention des risques côtiers. Il est financé par l'État, la région Nouvelle-Aquitaine, l'Union européenne (avec le Fonds européen de développement régional = FEDER), les départements de la Gironde, des Landes et des Pyrénées-Atlantiques et le Syndicat intercommunal du bassin d'Arcachon.

Observatoire-cote-aquitaine.fr.

3 Doc. 3 Résumez le rôle de l'Observatoire de la Côte Aquitaine.

....

....

4 Doc. 3 Soulignez les acteurs qui financent cet organisme.

Doc. 4 Panneau d'information du Conservatoire du littoral à la Grande Dune du Pilat

Le Conservatoire a déjà acquis une partie de la dune par rachat à différents propriétaires. C'est l'un des sites naturels les plus visités de France (près de 2 millions de visiteurs par an).

 # vidéo L'ONF engagé pour la protection du littoral – 2,05 min
foucherconnect.fr/21hgc051

5 Doc. 4 Recherchez ce qu'est le Conservatoire du littoral.

....

....

6 Doc. 4 Présentez l'intérêt d'aménager un site naturel et de réglementer son accès.

....

....

Doc. 5 Le rôle des associations et des citoyens, l'exemple des Initiatives Océanes

Imaginées par l'association Surfrider, elles consistent, chaque printemps, en l'organisation d'opérations de nettoyage des plages – partout en Europe, et même dans le monde – pour débarrasser le littoral des nombreux déchets rejetés, lors de l'hiver, sur le sable (ici, édition 2019, à Mimizan).

7 Doc. 5 Expliquez en quoi le citoyen peut être un acteur dans la gestion des risques.

....

....

Je fais le point sur... La gestion des risques

→ *Complétez la synthèse suivante.*

Prévention : ....

....

Catastrophe

Gestion de la crise : ....

et

Gestion post-crise : Reconstruction, assurances, analyse, élimination des déchets, mémoire...

La mobilisation de nombreux .... se fait dans le cadre de politiques :

- nationales : ....

....

- et internationales : ....

DIFFÉRENCIATION

CAPACITÉS
- **Analyser** le traitement médiatique d'un aléa ou d'un risque et dégager les limites de ce traitement.

Le traitement médiatique des risques et ses limites

CHOISISSEZ LE PARCOURS QUI VOUS CONVIENT LE MIEUX

Doc. 1 Médias et crise du Covid-19

On peut se demander si la crise du Covid-19 provoque un retour en grâce des médias, alors que la confiance à leur endroit s'érode lentement depuis deux décennies. Comme si, dans le flot d'informations contradictoires, anxiogènes et non vérifiées qui circulent, il y avait urgence à retrouver des points de référence. En économie, on dit que « la fausse monnaie chasse la bonne ». C'est peut-être l'inverse, par les temps qui courent, dans la grande bourse de l'information. Certes, il faut se garder d'une analyse trop définitive. Est-ce que cela signifie que les médias « établis » ne commettent jamais d'erreur, et que les réseaux sociaux ne convoient jamais d'informations justes ? Évidemment non, et loin de là… D'ailleurs, aux mois de janvier-février, les plateaux télévisés ont largement donné la parole à des experts plus ou moins renseignés qui nous assuraient que le coronavirus n'était rien qu'une « grosse grippe ». Cela est vrai. Mais toutes choses égales par ailleurs, quand on veut être informé sur le confinement en Chine, il est plus sûr de regarder l'envoyé spécial de France 2 à Wuhan, Arnaud Miguet… Que de s'en référer à l'ami du cousin qui connaît un proche de la voisine dont l'oncle est allé à Pékin deux fois dans les années 90 (dont une fois pour une escale).
L'autre force du travail journalistique, c'est d'apporter de la nuance. Plus que jamais. Historiquement, le rôle de la presse était d'abord d'apporter de la certitude, dans un monde où la circulation de l'information était rare et faible. Aujourd'hui, c'est d'apporter de l'incertitude, de la nuance, dans un monde où l'information est omniprésente, mais souvent péremptoire. Face au déversement des opinions et des assertions sur les réseaux sociaux, les médias ont la qualité de pouvoir dire : « Nous ne savons pas ». Ou bien, « C'est plus compliqué que cela ». […]

Ajoutons à cela une particularité liée à la crise sanitaire. Ici, la mauvaise information peut être mortelle. En temps normal, les *fake news* nuisent à votre compréhension du monde, à votre lucidité de citoyen – elles émoussent votre esprit critique en semblant l'affûter. Bref, elles nuisent à beaucoup de choses, mais pas à vous directement. Cette fois, c'est différent. Si vous prenez à la lettre un message sur Facebook qui prétend avoir trouvé un remède miracle contre la Covid, à base de produits chimiques achetés à la supérette du coin, alors vous risquez non pas simplement de mal vous informer, tout simplement de vous tuer. En somme, de vous faire intoxiquer, dans les deux sens du terme.

Frédéric Says, *Radio France / France Culture*, 15 avril 2020.

Conférence de presse retransmise en direct depuis Matignon, Paris, 11 septembre 2020.

L'effet « *blast* » : c'est une intense couverture médiatique qui « efface » presque toutes les autres informations (80 % du temps d'antenne fin mars 2020 était consacré au coronavirus par les chaînes d'infos en continu françaises).

Doc. 2 Médias et terrorisme

On se souviendra en effet des 36 manquements aux règles de la communication audiovisuelle, relevés par le CSA (Conseil supérieur de l'audiovisuel) lors de la couverture que radios et télévisions ont faite des attentats de Paris entre le 7 et le 9 janvier 2015. Parmi ceux-ci, citons en vrac : la diffusion d'images vidéo montrant le policier abattu à bout portant ; la diffusion d'informations (avant l'assaut) sur la présence de personnes cachées dans le lieu de retranchement des terroristes… Sept chaînes de télévision et six radios ont ainsi été pointées par le doigt grondeur du CSA. Le principal reproche était d'avoir interféré sur des enquêtes et des devoirs de police en cours.

Laurent Daltol, CEPAG, *Terrorisme et médias*, février 2016.

PARCOURS **autonome**

→ Lorsqu'un risque se produit, montrez comment et pourquoi il mobilise les médias.

→ Exposez les limites qui peuvent apparaître dans le traitement médiatique dans ce genre de contexte en citant des exemples (tirés des documents et de votre expérience), tout en rappelant en conclusion l'intérêt de rester bien informé.

PARCOURS **accompagné**

1 → Identifiez les deux événements auxquels il est fait référence dans ces deux documents.

2 → Montrez que quand un risque se produit, il y a une mobilisation médiatique qui se traduit de différentes manières. Comment l'expliquez-vous ?

3 → Dans chaque document, soulignez les limites de la médiatisation excessive. D'après votre expérience, quel inconvénient ajouteriez-vous ?

4 → Expliquez pourquoi les médias restent cependant essentiels en cas de risque.

Construire un argumentaire présentant l'intérêt d'un plan de prévention des risques

L'exemple de Feyzin dans la Vallée de la chimie.

1 J'analyse les documents

Doc. 1 La Vallée de la chimie à Lyon

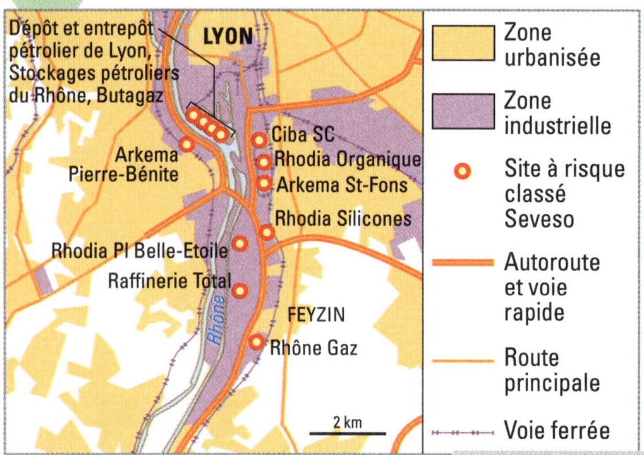

carte interactive
foucherconnect.fr/21hgc111

1 Doc. 1 Justifiez l'expression « Vallée de la chimie ».

....

....

....

2 Doc. 1 Identifiez les voies de transport desservant les zones industrielles.

....

....

....

Doc. 2 Des accidents mortels

L'enquête se poursuit au lendemain de l'incendie qui a fait un mort au sein de la société BlueStar Silicones de Saint-Fons. C'est d'ailleurs la première fois qu'un tel feu se déclare au sein de l'entreprise classée Seveso.

Pourtant le Couloir de la chimie n'en est pas à sa première catastrophe. Le 4 janvier 1966, une fuite de gaz avait provoqué un incendie puis des explosions en série, dévastant la raffinerie de Feyzin et endommageant jusqu'à 1 500 habitations environnantes. Face à une situation sans précédent, les pompiers venus de Vienne et de Lyon avaient eu du mal à gérer la catastrophe. Le bilan très lourd, 18 personnes tuées dont 11 soldats du feu, avait en tout cas permis une chose : la prise de conscience sur le risque industriel. L'accident avait été provoqué par une fuite de propane faisant suite à une manipulation lors d'un entretien de contrôle sous une sphère de stockage mal conçue. [...]

L'autre fait divers que les Lyonnais n'oublieront pas dans ce contexte-là, c'est le violent incendie qui avait touché en 1987 le dépôt d'hydrocarbures Shell sur le port Édouard Herriot. Le feu avait là aussi entraîné l'explosion de nombreuses cuves de fioul et avait causé la mort de deux personnes. L'insuffisance des moyens d'intervention et la conception des installations avaient également été pointées du doigt.

Lyonmag.com, 29 juin 2016.

vidéo
Retour sur le 4 janvier 1966
– 0,59 min
foucherconnect.fr/21hgc052

3 Doc. 2 Relevez les catastrophes qu'a connues la Vallée de la chimie.

....

....

....

4 Doc. 1 et 2 Expliquez de quel risque il s'agit.

....

....

....

5 Doc. 3 En vous aidant du document 1, retrouvez les éléments du paysage énumérés ci-dessous en indiquant les numéros de 1 à 8 sur la photographie :

1 : fleuve Rhône
2 : autoroute
3 : stockage d'hydrocarbures
4 : activités industrielles
5 : habitat collectif
6 : lotissements
7 : aménagements sportifs
8 : ville de Lyon

6 Doc. 1 à 3 Après avoir localisé Feyzin, expliquez pourquoi cette ville est particulièrement exposée.

....

....

....

....

....

Doc. 3 Vue aérienne de la zone industrielle

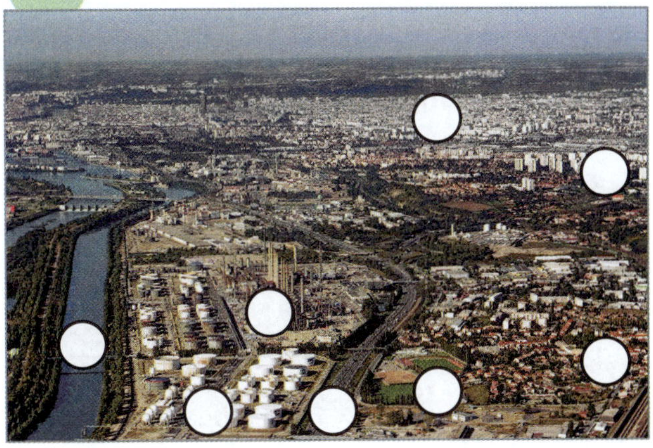

Doc. 4 PPRT* de la Vallée de la chimie

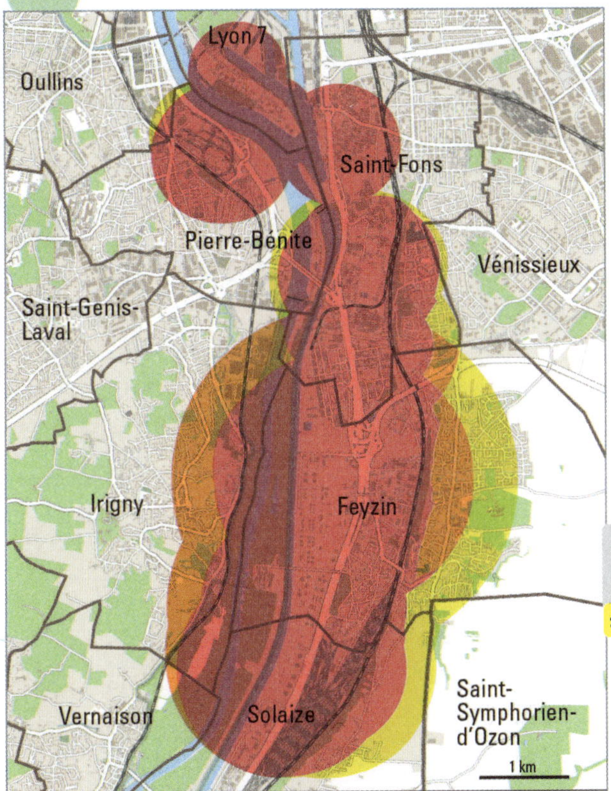

- Obligation pour les propriétaires de réaliser des travaux de protection sur les logements existants (aide financière : 40 % de l'État, 30 % de la Métropole + Conseil Régional et 30 % des industriels à l'origine du risque)
- Prescription de film sur les vitrages
- Recommandation de travaux

* Plan de Prévention des Risques Technologiques : approuvé en 2016 puis annulé par jugement administratif, il reste valable jusqu'en 2021 et une procédure d'appel est engagée.

DREAL Auvergne-Rhône-Alpes / UD-Rhône Mission SPIRAL.

Doc. 5 Extraits du site web de Feyzin

La mairie tient à disposition des Feyzinois le document d'information communal sur les risques majeurs (DICRIM – actualisé en 2019), qui recense tous les types de risques auxquels est exposée la commune ainsi que les comportements à adopter en cas d'incident. [...]
En cas de crise, le signal national d'alerte sera déclenché. On en entend un extrait le premier mercredi de chaque mois, puisqu'il fait l'objet d'un exercice. [...]
Des exercices sont organisés ponctuellement : pour entretenir les bons réflexes des personnes formées, et mettre à jour si besoin le dispositif municipal. Et dans chaque école, un plan particulier de mise en sûreté (PPMS) permet de faire face à une crise éventuelle, et des exercices sont organisés régulièrement par les enseignants.

www.ville-feyzin.fr, 2019.

 # vidéo
Dispositif Sécurénov – 3,10 min
foucherconnect.fr/21hgc053

 # carte interactive
foucherconnect.fr/21hgc112

7 Doc. 4 et 5 Après avoir souligné les noms des documents élaborés pour prévenir le risque industriel, présentez leur intérêt. (Vous pouvez vous aider de la vidéo.)

....

....

....

....

....

....

....

....

....

....

Doc. 6 **Panneau de signalisation (quartier des Razes à Feyzin) fixant un itinéraire d'évacuation**

8 Doc. 6 Quelle mesure de prévention a été prise dans le quartier des Razes très exposé ?

....

....

....

....

2 Je rapporte, *à titre individuel ou collectif, à l'oral ou à l'écrit*

Imaginez que vous êtes au conseil municipal de Feyzin. Écrivez un argumentaire pour exposer aux nouveaux habitants de la commune les risques existants dans un premier temps, puis dans un second temps l'intérêt d'un plan de prévention dont vous présenterez certains aspects en fonction des ressources consultées.

L'architecture face aux risques et enjeux climatiques

Doc. 1 « Dome House » au Japon

Ces « bulles » sont des maisons modulables, réalisées en polystyrène expansé qui est imputrescible, inoxydable, insensible aux parasites et propose une très haute résistance aux séismes et aux typhons. Ses performances thermiques permettent aussi de réduire les coûts de chauffage et de climatisation.

1 Doc. 1 En utilisant la carte des aléas page 90, expliquez pourquoi le Japon est à la pointe de la construction de bâtiments résistants aux catastrophes naturelles. ....

....

....

2 Doc. 1 Identifiez les avantages de ces « bulles ». ....

....

....

 # vidéo
Des Hollandais et leurs drôles de maisons flottantes – 9,26 min
foucherconnect.fr/21hgc054

Doc. 2 Les villes flottantes : une solution face à la montée des eaux ?

Les projets de maisons flottantes fleurissent aux Pays-Bas (situés en majorité en dessous du niveau de la mer), ici le quartier d'Ijburg à Amsterdam.

3 Doc. 2 Quel est l'intérêt de ce type d'habitation ?

....

....

....

....

....

....

4 Doc. 1 et 2 Que pensez-vous de ces architectures innovantes ? Quelles en sont les limites ? ....

....

....

....

....

....

....

JE RETIENS

Les sociétés et les risques : anticiper, réagir, se coordonner et s'adapter

Des sociétés de plus en plus exposées à des risques variés

• **Le risque désigne un aléa susceptible** de toucher une société, la gravité du risque se mesurant en termes d'enjeux humains et économiques. S'il se réalise, il devient une catastrophe.

• **Tous les territoires ne sont pas exposés de la même manière aux risques** : les aléas naturels sont concentrés sur les bordures du Pacifique et en zone tropicale. Les sociétés sont confrontées à divers autres risques d'origine anthropique, en hausse (notamment du fait de la mondialisation) : technologiques, sanitaires, géopolitiques, cyber… Ils peuvent se combiner entre eux, formant des risques systémiques.

Une inégale vulnérabilité, accrue par les nouveaux risques globaux

• **Le développement réduit la vulnérabilité**, les pays les moins développés sont ainsi plus fragiles (plus de victimes en raison de la faiblesse ou du non-respect des normes). Les catastrophes aggravent leur pauvreté qui peut donner naissance à de nouveaux risques, l'aide internationale devient alors indispensable.

• **L'intensification des activités humaines (déforestation, urbanisation…) aggrave la vulnérabilité ainsi que le changement climatique.** Celui-ci augmente la fréquence des événements extrêmes, il se traduit sous différentes formes : littoraux menacés par la hausse du niveau marin, recul des glaciers… Le changement climatique renforce les inégalités, les pays pauvres peinant à mettre en place des mesures pour s'adapter à ses effets.

La gestion des risques

• **Les différents acteurs des territoires (États, citoyens, ONG, entreprises…) développent des systèmes de prévention et de gestion de crise** afin de réduire les risques : surveillance, prévision, alerte, éducation aux risques, réglementation, normes de construction, organisation des secours… Développer une culture du risque semble important et une bonne gouvernance permet une meilleure coordination des différents acteurs pour éviter les risques et leur propagation. Les sociétés témoignent de leur capacité d'adaptation en faisant des choix d'aménagement du territoire.

• **En France, l'État et les collectivités territoriales partagent la responsabilité** de la gestion des risques (ex. : information, éducation des populations). Ils participent à l'aménagement des territoires exposés à divers risques qui sont appréhendés de manière systémique (ex. : plan de prévention des risques dans les communes). Cette gestion se doit d'être durable pour préserver l'environnement. Une réponse mondiale est nécessaire face aux risques globaux mais cela reste un idéal difficile à atteindre.

mémo > AUDIO

foucherconnect.fr/21hgc055

Mots-clés

- **Adaptation** : stratégies, initiatives, mesures pour diminuer la vulnérabilité (en réduisant l'exposition à l'aléa et ses effets potentiels).
- **Aléa** : événement imprévisible qui a une probabilité plus ou moins forte de se réaliser.
- **Gestion de crise** : plans de prévention et conduite des opérations en cas de catastrophe.
- **Prévention** : ensemble de mesures visant à réduire la vulnérabilité d'une société (prévision du risque, aménagements, plan d'information et de secours…).
- **Risque** : conjonction d'un aléa et d'une vulnérabilité, le risque est un danger qui pourrait frapper une population. Le risque climatique est lié au changement du climat.
- **Systémique** : quand un ensemble d'éléments se met en relation et crée des interactions dynamiques.

À l'échelle mondiale : des conférences internationales (pour une gestion durable)

Elles ont lieu régulièrement avec l'**adoption de conventions, d'accords** (ex. : COP 25, *cf. 1.*). **L'Accord de Paris en 2015** lors de la COP 21 a marqué un tournant : presque tous les pays se sont engagés à **réduire leurs émissions de gaz à effet de serre** et à maintenir le **réchauffement sous la barre des 2 °C d'ici à 2100**. Mais les limites fixées sont difficilement respectées et les États-Unis (plus gros émetteurs de gaz) ont rejeté finalement l'accord.

1. Discours de la jeune militante suédoise Greta Thunberg interpellant les dirigeants mondiaux lors des négociations sur le climat à Madrid, décembre 2019.

À l'échelle européenne : l'Union européenne

– Elle définit des **normes**. Sa **législation** est transférée dans le droit français (ex. : directive Seveso). L'UE incite à la **coopération** (ex. : échange d'informations, mise en commun d'équipes, de matériel lors de catastrophes).
– Face aux enjeux climatiques, l'UE s'est dotée d'un programme écologique : **le Pacte vert, visant à rendre le continent climatiquement neutre d'ici 2050** (avec un plan d'investissement pour favoriser une économie durable).

À l'échelle nationale : l'État et les collectivités locales

– En France, **l'État** (*via* ses services : préfectures, ministères, Conservatoire du littoral...) et **les collectivités territoriales** (régions, départements, communautés de communes et communes) coopèrent.
– L'État impulse des politiques, définit la **législation**. À tous les niveaux, des experts peuvent être consultés pour des études, diagnostics, et différents intervenants peuvent être mobilisés pour la prévention et la gestion des risques : pompiers, personnels de santé, forces de l'ordre, enseignants... La **cartographie des risques** permet d'aménager les territoires de manière à minimiser les éventuels dégâts et d'**élaborer des plans de prévention** (PPR).
– En cas de catastrophe, l'organisation des secours avec le dispositif **ORSEC** (déclenché sous l'autorité du préfet) permet de limiter les pertes (*cf. 2.*).

2. Secours après la crue de la rivière à Saint-Martin-Vésubie, octobre 2020.

 # vidéo
Inondations dans le Sud-Est - 1,48 min
foucherconnect.fr/21hgc056

À toutes les échelles : associations, ONG, citoyens, entreprises

– Chacun peut tenter de faire évoluer la société **en influençant ou en jouant un rôle d'alerte** (ex. : Greta Thunberg engagée dans la lutte contre le réchauffement climatique, *cf. 1.*) **et venir en aide** aux autres. Certaines ONG et associations interviennent parallèlement aux États ou en substitution de leur action quand il n'y a pas la capacité ou la volonté d'agir.
– **Les entreprises et les particuliers doivent s'informer** sur les risques auxquels ils sont exposés, **respecter les réglementations, signaler un accident et se conformer aux consignes** émises en cas de gestion de crise. Le civisme et la responsabilité aussi bien individuelle que collective sont essentiels (*cf. 3.*).

3. Affiche sur le fronton du Palais des festivals à Cannes, mai 2020.

JE MOBILISE MES CONNAISSANCES

Remplissez le schéma et nommez les flèches à l'aide des verbes suivants : *augmenter*, *réduire*, *menacer*.

 # lien
Jeu sérieux
foucherconnect.fr/21hgc057

Changement global

Ses caractéristiques : ....

....

....

....

....

Risques

Différentes catégories :

....

....

....

....

....

....

Et de plus en plus combinés

= risques ....

....

Vulnérabilité inégale selon les espaces et sociétés

Pays et territoires les plus vulnérables :

....

....

....

....

Pays les plus résistants :

....

....

Et un contexte de croissance démographique, urbaine, des besoins (pression sur les ressources) et de mondialisation

....

....

....

Gérer les risques et s'y adapter

- En amont : ....

....

- En aval : ....

→ La résilience (capacité d'une société à trouver des solutions) est plus forte dans les pays développés

- *à l'échelle internationale :* ....

- *à l'échelle nationale, différents acteurs :* ....

....

....

J'ÉVALUE MES COMPÉTENCES...

Géographie THÈME 2

Les sociétés et les risques : anticiper, réagir, se coordonner et s'adapter

> À l'issue de l'étude du thème, je révise et je m'entraîne sur des capacités du programme.

CAPACITÉS MOBILISÉES

- **Connaître** les principales notions, les acteurs majeurs et les repères.
- **Situer** un acteur majeur dans un contexte pour préciser un rôle.
- **Identifier** l'échelle appropriée pour étudier un phénomène.

1. Questions de connaissances

carte interactive
foucherconnect.fr/21hgc113

Doc. 1 Les aléas en France

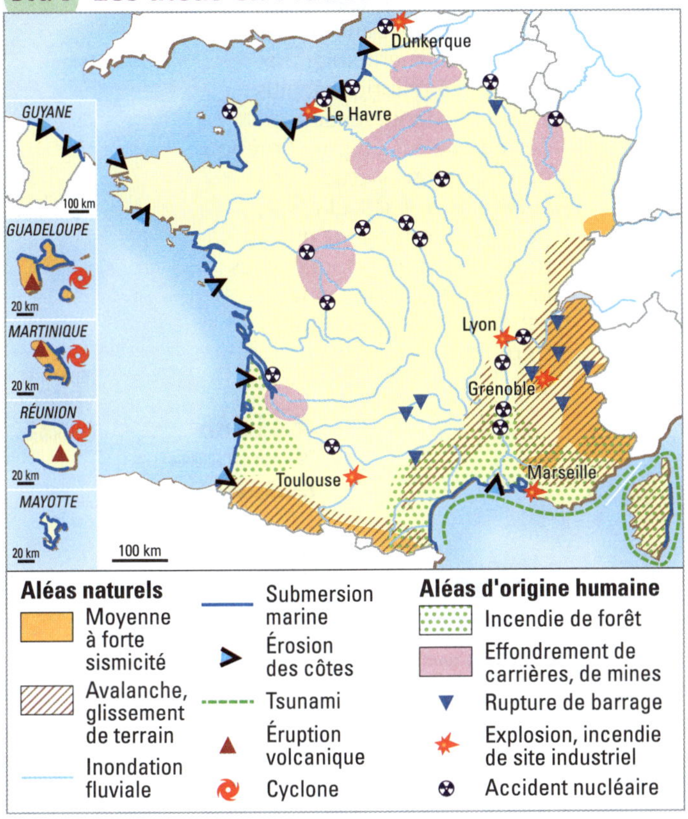

1 Doc. 1 Expliquez la différence entre un aléa, un risque et une catastrophe.

....

....

....

....

....

....

....

....

2 Doc. 1 Donnez les différentes catégories de risque avec un exemple pour chacun.

....

....

....

....

....

3 Présentez deux acteurs de la gestion des risques et leur rôle.

....

....

....

....

4 Expliquez pourquoi, d'une manière générale, la vulnérabilité des sociétés augmente.

....

....

5 Pourquoi, à l'échelle de la planète, les pays les moins développés de la zone intertropicale paraissent les plus exposés ?

....

....

6 Montrez qu'il y a des freins à la lutte contre le réchauffement climatique.

....

....

2. Étude de cas : l'exemple de la Californie

Doc. 1 Une région soumise aux risques sismiques et volcaniques

Les habitants de Californie vivent avec la peur du « Big One », un séisme d'une magnitude telle qu'il pourrait dévaster une bonne partie de cet État américain placé sur la faille de San Andreas et régulièrement sujet aux secousses telluriques, plus ou moins dangereuses. Cette faille est un phénomène géologique très étudié et surveillé, en particulier par des sismologues qui mesurent en permanence les plus infimes déplacements, espérant prévoir les futurs tremblements de terre.

 # vidéo Séismes en Californie – 2,07 min
foucherconnect.fr/21hgc058

 # carte interactive
foucherconnect.fr/21hgc114

* 1 mile carré = 2,5 kilomètres carrés

Doc. 2 Des méga-incendies de plus en plus fréquents

Plus de 100 000 personnes ont été forcées d'évacuer leur domicile en Californie, en proie à certains des pires incendies de son histoire, et dont des zones entières étaient recouvertes d'épais nuages de fumée, samedi 22 août. Les incendies déclenchés par une dizaine de milliers d'éclairs, alimentés par une chaleur qui bat des records et une faible humidité, ont déjà coûté la vie à au moins cinq personnes, selon les autorités locales.

Le « LNU Lightning Complex », situé au nord de San Francisco, est désormais le deuxième incendie le plus dévastateur de l'histoire de la Californie, avec plus de 127 000 hectares détruits. [...] Les risques d'infection au nouveau coronavirus poussaient par ailleurs certaines des 119 000 personnes évacuées à trouver refuge dans des parkings ou au bord de plages plutôt que dans les centres d'hébergement proposés par les autorités. Dans la ville côtière de Santa Cruz, les autorités ont demandé aux touristes de rentrer chez eux afin de proposer des lits d'hôtel aux personnes fuyant les feux. [...]

Daniel Berlant, représentant de l'agence de prévention californienne des incendies, a loué les efforts des pompiers au cours des dernières vingt-quatre heures : « *Ils font des progrès, mais les conditions météorologiques ne nous aident pas.* » La Californie a recensé le 16 août ce qui pourrait être la troisième température la plus chaude jamais enregistrée sur Terre : 54,4 °C dans la Vallée de la Mort. Si le mercure doit légèrement baisser au cours du week-end, le risque de nouveaux orages, et donc de foudre, laisse l'agence en « *état d'alerte* ».

Ces feux, qui intervenaient habituellement entre août et novembre, sont devenus plus fréquents et plus importants en Californie au cours des dernières années, en raison notamment du changement climatique. L'incendie le plus meurtrier de l'histoire de la Californie, surnommé « Camp Fire », a eu lieu en novembre 2018 dans le nord de l'État. Il avait fait 86 morts. Les fumées d'incendie ont aussi entraîné des alertes à la pollution de l'air, notamment dans la baie de San Francisco.

AFP, 22 août 2020.

 # vidéo La Californie en feu fait évacuer – 1,37 min
foucherconnect.fr/21hgc059

1 Doc. 1 Identifiez les risques naturels telluriques auxquels est exposée la Californie.

Doc. 3 Glissement de terrain à Montecito, janvier 2018

Faisant 23 morts, ce désastre a eu lieu un mois après un feu de forêt : à partir des zones calcinées et suite à d'importantes précipitations, les coulées de boue se sont produites, en l'absence de végétation pour absorber l'eau et retenir les sols.

2 Doc. 2 et 3 Citez d'autres risques naturels réguliers dans cette région et justifiez l'emploi du terme « systémique ».

3 Doc. 1 à 3 Montrez que des mesures de gestion des risques sont nécessaires en Californie et sont prises face aux événements.

THÈME **annuel**

EMC

S'engager et débattre en démocratie autour des défis de société

Je DÉCOUVRE

Renseignez les éléments ci-dessous afin de préciser l'objet de cette affiche.

– Type de débat : ....

– Lieu : ....

– Problématique du débat : ....

....

– Fonctions des personnalités qualifiées présentes :

....

....

....

Citez trois transformations de la société justifiant la question posée à l'occasion de ce débat.

• ....

....

• ....

....

• ....

....

En vous appuyant sur les messages contenus dans les bulles et sur la citation d'Abraham Lincoln, résumez l'enjeu de cette initiative de la Mutualité française.

....

....

....

....

....

....

....

Une infographie de la Mutualité française

À cette occasion, les acteurs du monde politique et social seront présents : Romain Grau, député La République En Marche, des Pyrénées-Orientales, Stéphanie Soares, administratrice déléguée du mouvement Mutualité française et Jean-Louis Chauzy, président du CESER Occitanie (Conseil économique, social et environnemental régional) ouvriront ce débat.

Site internet de la Mutualité française en Occitanie, occitanie.mutualite.fr, avril 2019.

Je me REPÈRE

L'évolution du cadre légal pour des débats démocratiques

Loi de 1881	« Tout journal [...] peut être publié sans déclaration ni autorisation préalable. »
Loi de 1901	« Les associations de personnes pourront se former librement sans autorisation. »
Ordonnance du 21 avril 1944	« Les femmes sont électrices dans les mêmes conditions que les hommes. »
Loi de 1982	« Les citoyens ont droit à une communication audiovisuelle libre et pluraliste. »
Loi du 17 janvier 1989	« La communication audiovisuelle est libre. [...] Le Conseil supérieur de l'audiovisuel*, autorité indépendante, garantit l'exercice de cette liberté. » (* CSA)
Révision constitutionnelle de 2003	« Les projets [...] d'une collectivité territoriale peuvent, à son initiative, être soumis, par la voie du référendum, à la décision des électeurs de cette collectivité. »

Le premier tour de l'élection présidentielle en 2017

1 **Soulignez dans le tableau ci-dessus les éléments de réglementation ayant permis la tenue de ce débat sur une chaîne de télévision.**

2 **Citez une autre disposition législative qui a pu contribuer à éclairer le débat démocratique lors de cette élection présidentielle.**

....

 # lien
Site Mindmaps.app
foucherconnect.fr/21hgc060

Je COMPRENDS

Confrontée aux progrès rapides et à l'innovation technologique permanente, notre République se transforme. La révolution numérique ou les biotechnologies bouleversent nos modes de vie, fondent de nouvelles espérances. En même temps, elles introduisent de nouveaux défis, en matière d'environnement ou d'éthique. Dans ce monde en mouvement, l'engagement et le rapport des citoyens à la démocratie prennent de nouvelles formes, questionnent la manière d'associer 67 millions de Français au processus de décision.

- **Soulignez dans le texte les principaux thèmes soumis au débat démocratique.**
- **Afin de saisir l'enjeu du débat sur la transition énergétique, complétez ci-dessous un schéma associant l'ensemble de ces termes (vous pouvez aussi vous aider d'une application en ligne comme Mindmaps).**
Hausse du niveau de vie ; Consommation d'énergie fossiles carbonées ; Engagement dans la transition énergétique ; Développement des énergies renouvelables (EnR) ; Contestation par les acteurs locaux ; Consultation de la population.

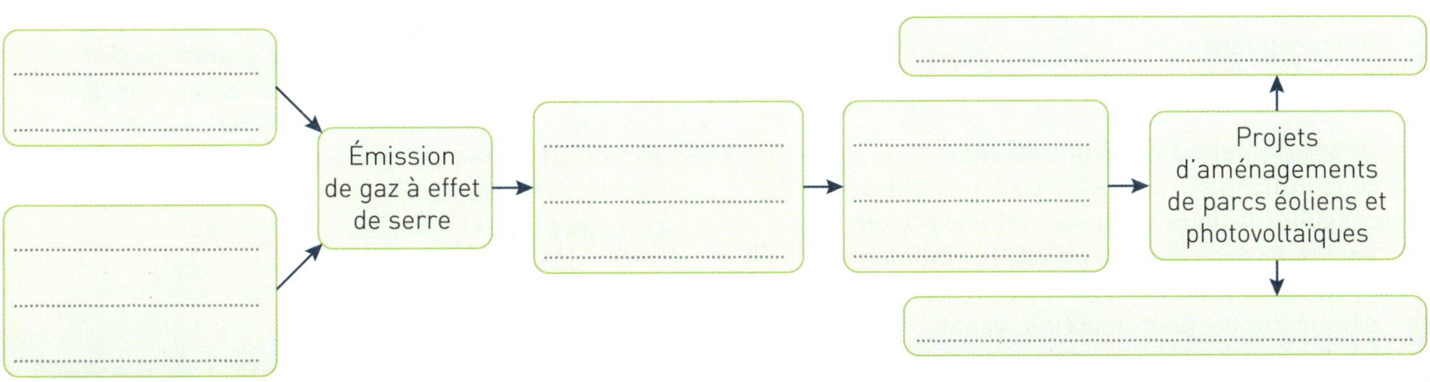

1 Changements et risques environnementaux

Le débat démocratique autour de l'éolien est-il favorable à la lutte contre le réchauffement climatique ?

Situation 1 Une grève scolaire pour le climat à Paris en mai 2019

La marche s'inscrit dans un mouvement international des jeunes au moment des élections européennes. Parmi les slogans : « Dunkerque sous l'eau, ce s'ra pas rigolo », « Et 1, et 2, et 3 degrés, c'est un crime contre l'humanité », « Ta planète, tu la veux bleue ou bien cuite ? »

1 Situation 1 **Au printemps 2019, comme d'autres pays, la France a connu une forte mobilisation des jeunes pour le climat. Précisez ce que revendiquent les manifestants.**

....

....

....

2 Situation 1 **Parmi les trois catégories de citoyens ci-dessous, entourez celle qui, selon vous, est principalement visée par les slogans affichés à l'occasion de cette marche.**

- Les décideurs politiques.
- Les parents des lycéens.
- Les dirigeants d'entreprises.

Justifiez votre réponse.

....

....

....

Situation 2 Une consultation citoyenne dans une commune du Cantal en mars 2019

Les habitants de Glénat, dans le Cantal, étaient appelés aux urnes. Ils devaient donner leur avis sur l'implantation de deux éoliennes sur la commune. Au total, le projet, porté par la société Valorem, prévoit l'installation de 2 éoliennes à Glénat et de 5 sur la commune voisine de Siran. Sur 190 citoyens inscrits sur les listes électorales, 99 habitants ont voté. 56 se sont prononcés contre le projet et 43 pour. [...]
Le résultat de cette consultation citoyenne va aider le conseil municipal de Glénat à prendre sa décision. [...]
La préfecture du Cantal aura le dernier mot quant à la réalisation du projet. S'il voyait le jour, le projet pourrait rapporter 30 000 euros par an à la commune, soit 10 % de son budget actuel. Selon le maire de Glénat, l'aspect financier n'a pas vraiment décidé du sort du scrutin. Il explique : « Les habitants ont d'abord pris en compte les conséquences sur le paysage et l'impact sur les habitations, comme le bruit ».

C. Lopes, *Pourquoi les habitants de Glénat ont voté contre l'implantation d'éoliennes ?*, France3-regions.francetvinfo.fr, mars 2019.

3 Situation 2 **Relevez ci-dessous deux conséquences attendues de ce projet d'implantation d'éoliennes.**

Avantage	....
Inconvénient	....

4 Situation 2 **Depuis 2003, une révision constitutionnelle permet sous conditions de consulter la population sur certains projets. Soulignez dans l'article en vert les avantages et en rouge les limites de cette pratique démocratique, pour nourrir le débat sur les projets de proximité.**

Situation 3 Un appel à la mobilisation citoyenne

Collectif d'associations *Contre le projet éolien du col de la Bataille*, mai 2018. Document disponible sur le site Internet *Éolien et biodiversité en Drôme*, piloté par la Ligue de protection des oiseaux (LPO), eolien.lpo-drome.fr.

5 Situation 3 Indiquez la nature des cinq organisations à l'origine de cette publication ainsi que leur but commun.

....

....

....

....

6 Situation 3 Citez deux arguments mis en avant par ces acteurs dans le débat sur le développement de l'énergie éolienne.

....

....

....

7 Situation 3 À partir d'une recherche menée sur Internet, faites le point sur l'avancée de ce projet de parc éolien.

....

....

....

....

....

....

8 Situation 4 Complétez le tableau ci-dessous.

Qui manifeste ?	....
Contre quoi ?	....
Au nom de quelle valeur républicaine ?	....

Situation 4 Une manifestation contre un projet éolien en Dordogne en août 2019

9 Situations 1 à 4 En prenant appui sur les exemples ci-dessus, expliquez pourquoi le débat démocratique est nécessaire pour faire avancer la cause de la transition énergétique et du réchauffement climatique.

....

....

....

....

MISE EN PERSPECTIVE

Le débat démocratique et la politique énergétique

Doc. 1 Des avis d'experts sur la Programmation pluriannuelle de l'Énergie (PPE)

Arguments	Auteur/ Institution
Pour l'avenir, il faut à la fois réduire la consommation et développer le renouvelable.	....
Implanter des éoliennes en mer menace la biodiversité.	....
L'État doit soutenir davantage les énergies renouvelables thermiques.	....
Le nucléaire permet une production plus continue, plus écologique, plus économique que le renouvelable.	....

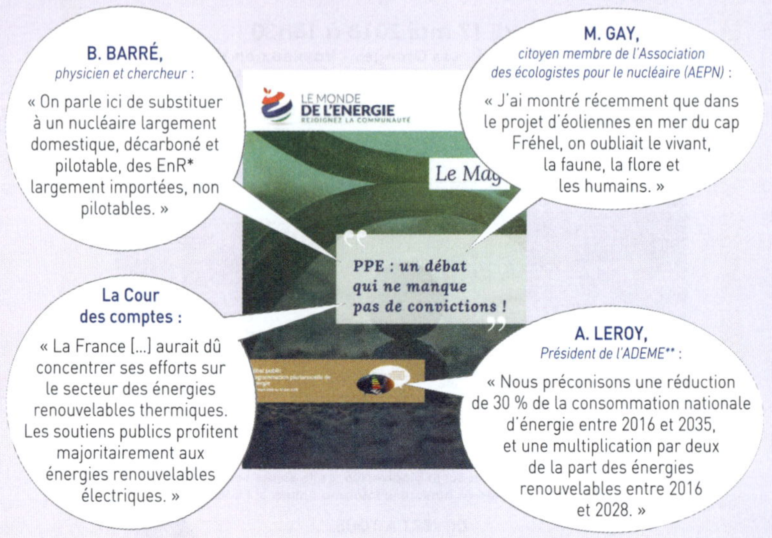

* Énergies renouvelables **Agence de l'environnement et de la maîtrise de l'énergie.

1 Doc. 1 **Le débat sur la PPE précède l'adoption d'une nouvelle loi. Attribuez à chacun des experts, l'argument principal qu'il met en avant.**

2 Doc. 1 **Indiquez le rôle joué par la presse spécialisée lors de ce débat.**

....

....

Doc. 2 Une enquête réalisée en 2018 par la Commission nationale du débat public (CNDP*)

* CNDP = Commission chargée de recueillir l'avis des citoyens sur certains projets à fort impact socio-économique et environnemental.

S'agissant des efforts à engager en faveur des éoliennes terrestres, faut-il à votre avis :

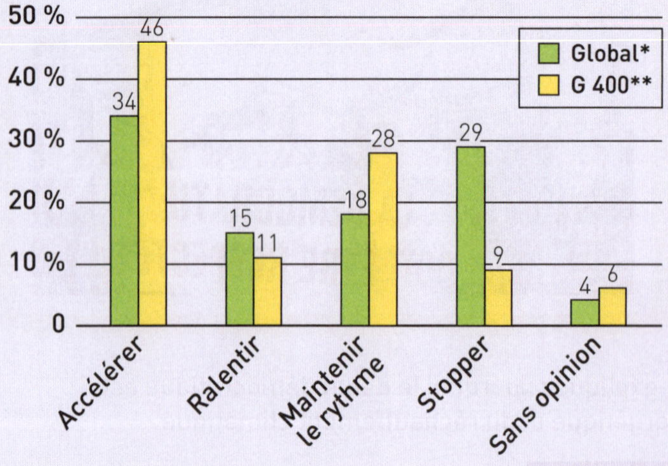

* Global : ensemble de la population.
** G 400 : groupe de 400 personnes tirées au sort venues débattre devant la CNDP.

Compte-rendu du débat sur la programmation pluriannuelle de l'énergie, Commission nationale du débat public, août 2018.

3 Doc. 2 **Complétez le tableau ci-dessous afin de résumer l'opinion de l'ensemble de la population sur la production éolienne terrestre.**

Part de la population plutôt favorable à la politique suivie (en %)	....
Part de la population opposée à la politique suivie (en %)	....

4 Doc. 2 **En prenant appui sur la question précédente, justifiez l'affirmation ci-dessous.**
« Les citoyens engagés venus débattre devant la CNDP sont plus favorables à l'éolien terrestre que le reste de la population. »

....

....

....

Doc. 3 La Charte de l'environnement* (2004)

Article 1er. Chacun a le droit de vivre dans un environnement équilibré et respectueux de la santé.
Article 2. Toute personne a le devoir de prendre part à la préservation et à l'amélioration de l'environnement.
Article 3. Toute personne doit, dans les conditions définies par la loi, prévenir les atteintes qu'elle est susceptible de porter à l'environnement ou, à défaut, en limiter les conséquences.
Article 4. Toute personne doit contribuer à la réparation des dommages qu'elle cause à l'environnement, dans les conditions définies par la loi.
Article 6. Les politiques publiques doivent promouvoir un développement durable. À cet effet, elles concilient la protection et la mise en valeur de l'environnement, le développement économique et le progrès social.
Article 9. La recherche et l'innovation doivent apporter leur concours à la préservation et à la mise en valeur de l'environnement.

Extrait de la Charte de l'environnement de 2004, consultable en ligne sur www.legifrance.gouv.fr.

* Intégrée à la Constitution de la Ve République.

Doc. 4 Les objectifs de la loi « Énergie-Climat » adoptée en 2019

LOI ÉNERGIE CLIMAT

- **2022** — Sortie du charbon
- **2023** — **– 7 %** de consommation d'énergie
- **2030** — Interdiction de la location des passoires thermiques
  - **– 20 %** de consommation d'énergie,
  - **33 %** d'énergies renouvelables,
  - **– 40 %** de consommation d'énergies fossiles
- **2035** — Réduction à **50 %** dela part du nucléaire dans la production d'électricité
- **2050** — Neutralité carbone
  - **– 50 %** de consommation d'énergie

5 Doc. 3 **Parmi ces articles de la Charte de l'environnement, choisissez-en un et expliquez en quoi il justifie le développement des énergies renouvelables.**

....

....

....

....

6 Bilan **La loi adoptée à l'issue du débat (doc 4) est un compromis entre différents points de vue. Complétez le schéma ci-dessous afin de démontrer que les objectifs fixés apportent des réponses aux différents acteurs engagés dans le débat démocratique sur la transition énergétique.**

Exemples de dispositions de nature à satisfaire les acteurs engagés dans la lutte contre le réchauffement climatique :	↔	Exemples de dispositions de nature à satisfaire les partisans du maintien des énergies actuelles :
....		....
....		....
....		....
....		....
....		....

Engager mon lycée vers

Pour prendre votre part à la lutte contre le réchauffement climatique, vous engagez le débat des économies d'énergie dans votre lycée. Comment s'organiser pour faire partager cette cause auprès des acteurs de l'établissement ?

Étape 1

Enquêter pour poser un diagnostic de l'établissement

> Complétez ce tableau en collectant les données demandées auprès de l'agent comptable du lycée.

		Nom du lycée :	
Les sources d'énergie consommées par le lycée	Consommation annuelle de mon lycée	Usage par type : chauffage, éclairage, informatique, cantine... ?	Coût annuel estimé (en euros)
Électricité	....	....	....
Gaz	....	....	....
Fuel	....	....	....

> Calculez « l'empreinte carbone » liée à cette consommation énergétique (uniquement) en utilisant l'application du site www.goodplanet.org.

 # lien
Good planet - Calculateur carbone
foucherconnect.fr/ 21hgc061

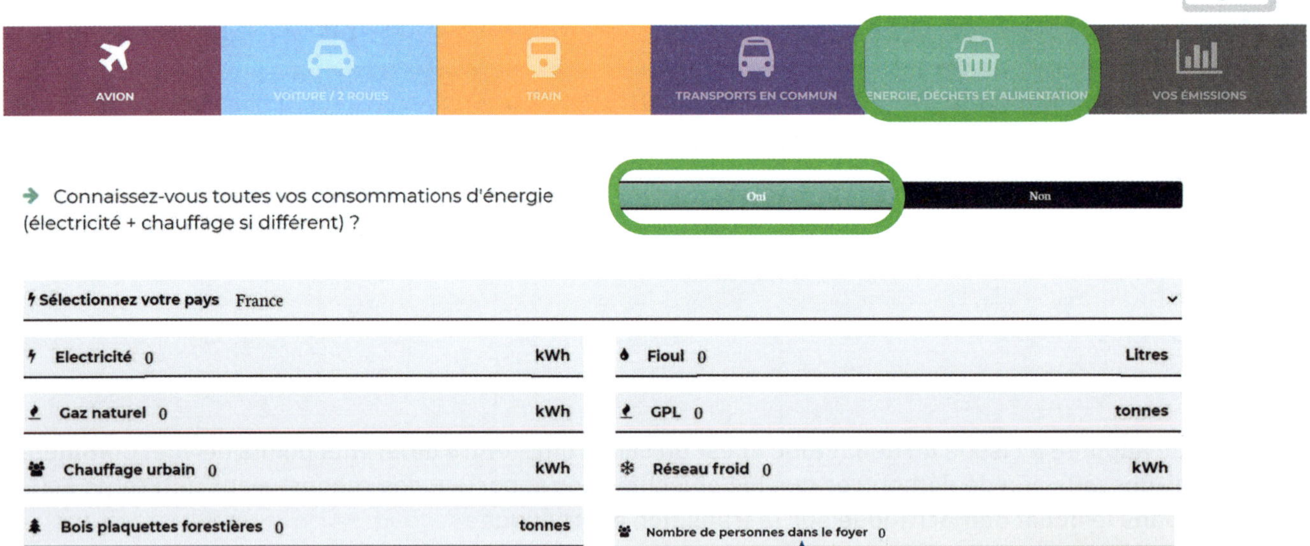

Inscrire ici le nombre de personnes présentes dans l'établissement.

Captures février 2021 : © www.goodplanet.org.

 # vidéo
Les missions des éco-délégués
–0,56 min
foucherconnect.fr/ 21hgc062

> Inscrivez les résultats de votre recherche dans le tableau ci-dessous.

Résultats	→ .... tonnes de CO2 pour l'année ....
	→ Soit .... fois ce que la Terre peut supporter par personne et par an pour stopper l'accroissement de l'effet de serre.

DÉMARCHE DE PROJET

Étape 2

Dans quelles instances porter le débat ? Comment débattre ?

 # lien
Comment participer à la vie de mon lycée - www.education.gouv.fr
foucherconnect.fr/21hgc063

> Au sein de l'établissement, saisissez les éco-délégués.

Quelle instance saisir pour porter le débat dans mon lycée ?

Un éco-délégué de ma classe

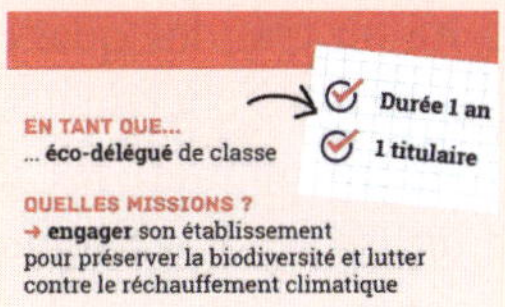

Un éco-délégué au Conseil de la vie lycéenne

Un éco-délégué au Conseil académique de la vie lycéenne

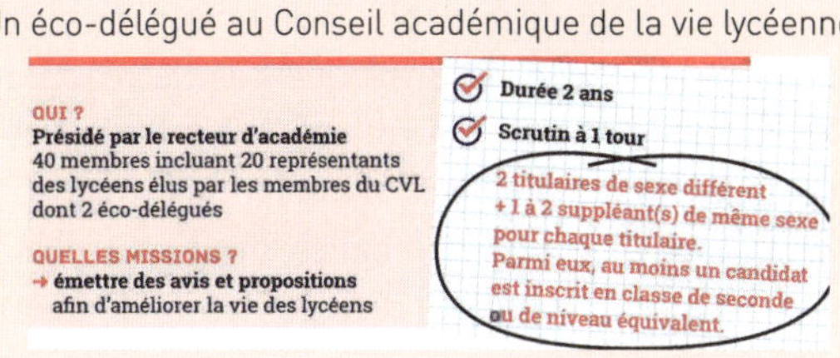

❑ Indiquez les coordonnées des 2 éco-délégués de votre établissement présents au CVL :

Nom-Prénom : .... Classe : .... ; Nom-Prénom : .... Classe : ....

❑ Rédigez un mail adressé aux éco-délégués pour proposer la tenue d'un débat sur « la contribution de l'établissement à la transition énergétique ». Joignez votre diagnostic en pièce jointe.

« Bonjour, élève(s) en classe de .... , j'ai (nous avons) enquêté afin de déterminer la quantité de CO_2 imputable à la consommation énergétique de notre lycée. Tu trouveras les résultats de cette étude dans le document en pièce jointe. Pour en débattre, ...
....
.... »

> Pour faciliter l'organisation du débat, cochez les différentes tâches à réaliser au fur et à mesure de leur réalisation.

Captures février 2021 : © www.education.gouv.fr, Vie lycéenne infographie.

Communiquer un lieu, une date, un horaire	
Transmettre les résultats de l'enquête aux participants	
Aménager la salle pour faciliter les échanges	
Préparer une question pour lancer le débat	
Désigner un animateur	

> Animez et participez au débat.

 # vidéo
Débat sur le changement climatique – 2,01 min
foucherconnect.fr/21hgc065

Étape 3

Rendre compte du débat : quelles solutions pour des économies d'énergie ?

 # lien
Challenge Cube-S
foucherconnect.fr/21hgc064

Activité 1 Proposez 5 mesures applicables par l'ensemble des personnels et des élèves de l'établissement afin de réduire la consommation d'énergie.

....
....
....
....

Prolongement : rédiger une charte intitulée « Changeons nos comportements pour réduire notre consommation d'énergie ».

Activité 2 Dressez la liste des principaux travaux à prévoir dans les bâtiments.

....
....
....

Prolongement : écrire une lettre au conseil d'administration du lycée afin d'exposer les travaux nécessaires aux économies d'énergie.

2 Biotechnologies et éthique

Situation 1 La production de soie d'araignée

Résultat d'une longue évolution, la soie produite par les glandes de l'araignée est une fibre trente fois plus fine qu'un cheveu et qui, à diamètre égal, est plus solide que l'acier et plus résistante que le kevlar. Elle est également bon marché, biodégradable et compatible avec des usages médicaux, car elle ne provoque pas de réaction de rejet. Des fibres de ce type pourraient être utilisées en médecine régénératrice, mais aussi dans l'industrie textile pour la fabrication de gilets pare-balles, des tissus plus résistants et plus légers, ou encore des vêtements de sport nouvelle génération. [...]

« Nous avons conçu une protéine de soie à partir de plusieurs espèces d'araignées », explique Jan Johansson de l'université suédoise des sciences agricoles à Uppsala et coauteur d'une étude publiée lundi 9 janvier 2017 dans *Nature Chemical Biology*. Selon l'étude, cette protéine de soie artificielle peut être produite en grandes quantités. Pour simuler le « canal » de l'araignée, les chercheurs ont conçu « un nouvel appareil de filature qui imite les changements de pH que l'araignée utilise pour fabriquer les fibres de soie », ajoute le chercheur.

Extrait de « Enfin une méthode pour produire de la soie d'araignée à l'infini ? », *Sciences et Avenir*, 10 janvier 2017.

1 Situation 1 En quoi consiste l'innovation technologique présentée ?

....

2 Situation 1 Identifiez les intérêts de cette innovation dans le tableau suivant.

Pour la santé	Économiques	Industriels	Environnementaux
....	....	....	....
....	....	....	....

Situation 2 La naissance du premier bébé-médicament

© na!, dessin publié le 24 janvier 2017.

Conçu par fécondation *in vitro*, en France, un petit garçon, né le 26 janvier 2011, est protégé d'une grave maladie dont souffrent ses aînés et a permis de soigner l'un d'eux, pour lequel il est un donneur compatible.

3 Situation 2 Expliquez l'expression « enfant-médicament ».

....

....

....

....

4 Situation 2 Qu'est-ce que les paroles de ces médecins ont de surprenant ?

....

....

....

5 Situation 2 Selon vous, sur quelles limites le dessinateur veut-il attirer l'attention du lecteur ?

....

....

Situation 3 Appel à une marche contre les organismes génétiquement modifiés (OGM)

* Niébé BT : haricot africain génétiquement modifié.

Le CCAE est un regroupement de citoyens, organisations paysannes, associations, acteurs de la société civile, créé au Burkina Faso en 2015 suite à une marche contre Monsanto.

6 Situation 3 Quelles indications ce logo donne-t-il au lecteur de l'affiche ?

7 Situation 3 Décrivez et expliquez le dessin central.

8 Situation 3 Quels sont les éléments graphiques qui montrent l'opposition aux OGM ?

9 Situation 3 Pourquoi choisir ce mode de communication par le dessin selon vous ?

Situation 4 Paralympiques de Londres (2012)

La Française Amélie Le Fur mène devant l'Américaine April Homes à la finale des 100 mètres femmes des Jeux, 9 septembre 2012.

10 Situation 4 Quel est le bénéfice de la technologie utilisée ici ?

MISE EN PERSPECTIVE

Comment contrôler le développement des biotechnologies ?

Doc. 1 Typologie des biotechnologies

L'OCDE définit la biotechnologie comme « l'application de la science et de la technologie à des organismes vivants, de même qu'à ses composantes, produits et modélisations, pour modifier des matériaux vivants ou non vivants aux fins de la production de connaissances, de biens et de services ». [...]
Les biotechnologies trouvent des applications dans des secteurs variés et sont regroupées au sein d'une classification identifiée par un système de couleur.

E. Filaire, J. Gerbore, J.-B. Guyon, A. Dreux-Zigha, F. Terrisse, E. Ranouille, J.-Y. Berthon – Présentation des biotechnologies : rouge, verte, bleue, blanche et jeune, société Greentech, « Matières premières cosmétiques », © Éditions Cosmetic Valley, 2020.

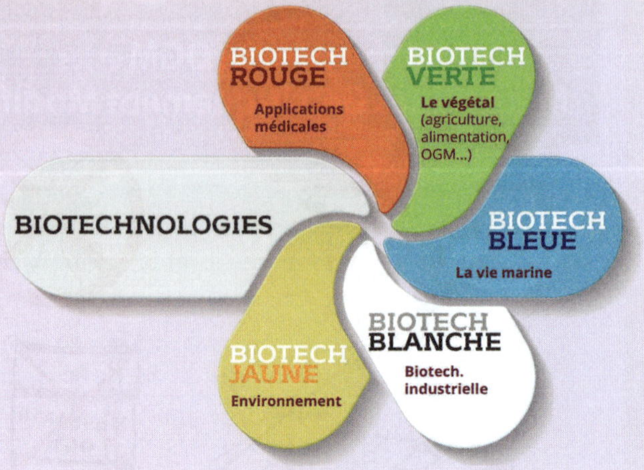

1 Doc. 1 **Identifiez les risques et les bénéfices de chaque innovation technologique proposée en les reliant par des flèches.**

Risques
Eugénisme par sélection des plus performants
Production agricole sur un mode industriel destructeur
Contamination biotechnologique et atteinte à la biodiversité
Méconnaissance des effets du stockage des déchets toxiques

Innovations
Fécondation *in vitro*
Fabrication de colle à partir de l'ADN des patelles (mollusques accrochés aux rochers)
Plantation de peupliers transgéniques stockant dans leurs racines des métaux lourds
Production d'éthanol à partir du sucre de betterave ou de canne à sucre
Production du maïs BT

Bénéfices
Traitement préventif des maladies génétiques
Protéger les cultures des insectes
Aide aux parents ne pouvant pas avoir d'enfants
Énergie alternative aux hydrocarbures
Colle utilisée en chirurgie
Traitement des sols contaminés par des métaux toxiques

2 Doc. 1 **Recherchez une autre innovation biotechnologique dans l'actualité récente ou plus ancienne. Identifiez-en les risques et les bénéfices en complétant le tableau ci-dessous.**

Risques	Innovation choisie	Bénéfices
....	....	....
....	....	....

3 Doc. 1 **Identifiez l'impact des biotechnologies dans un contexte de développement durable (dimension économique, sociale et environnementale).**

....

....

....

Doc. 2 L'organisation du débat sur les biotechnologies : le CCNE (comité consultatif national d'éthique)

Le CCNE, institution indépendante, a imaginé l'organisation de ce débat public comme un véritable exercice de démocratie sanitaire, en invitant à la fois les citoyens, profanes ou avertis, mais aussi les experts, à exprimer leurs opinions et à discuter ensemble [...] : canaux de consultation différents, garanties de transparence (*via* la modération du site et le rôle du médiateur), regard critique inédit assuré par un « Comité citoyen des États généraux ».

[...] Chaque internaute a d'abord été invité à s'informer sur les thématiques proposées à travers des fiches pédagogiques créées par le CCNE, mais aussi par la mise à disposition de l'ensemble des contributions des organisations auditionnées. Chaque internaute a ensuite été invité à se prononcer en déposant des contributions, ou en réagissant à celles déjà publiées. Dans la même logique, les débats qui ont pris la forme de conférences-débats menées sur le territoire débutaient par une introduction du sujet par des experts (chargés de veiller à la neutralité du propos) avant que les participants soient invités à s'exprimer.

Rapport de synthèse du CCNE, 2018.

4 Doc. 2 **Soulignez, dans le texte, les 4 étapes du débat du CCNE auxquelles les citoyens participent.**

5 Doc. 2 **Quelles sont les nouveautés introduites par cette procédure du débat démocratique ?**

....

....

Doc. 3 L'examen du projet de loi « Bioéthique » (2019)

Un projet de révision de la loi de bioéthique de 2011 a été présenté en Conseil des ministres le 24 juillet 2019 avant d'être discuté au Parlement.

6 Doc. 3 **Déterminez l'enjeu de ce projet de loi.**

....

....

....

....

7 Doc. 3 **Choisissez et expliquez l'enjeu d'une des mesures de ce projet de loi.**

....

....

....

8 Doc. 3 **Qui examine ce projet de loi et peut décider de l'adopter ?**

....

....

....

....

....

 # vidéo
« Qui fait la loi ? » – 1,46 min
foucherconnect.fr/21hgc066

Mener l'enquête sur les OGM

Consomme-t-on des organismes génétiquement modifiés (OGM) en France ?

Doc. 1 Contrôler l'exploitation des OGM

DGCCRF @dgccrf · 5 janv.

| #enquêteDGCCRF |

La présence d'#OGM non autorisés dans les semences peut avoir des conséquences irréversibles pour l'#environnement et représenter un risque pour la santé.

Nous contrôlons chaque année les lots de semences destinés au marché.

bit.ly/2L1wziw

DGCCRF

Enquête de la DGCCRF

Recherche de la présence d'OGM dans les semences des grandes cultures

Tweet de la Direction générale de la concurrence, de la consommation et de la répression des fraudes, 5 janvier 2021.

 # lien

Les OGM - Ministère de la Transition écologique

foucherconnect.fr/21hgc067

Doc. 2 Informer sur les OGM

Chicon dans le Nord, endives partout ailleurs. Le légume ultra-basse calorie détesté des enfants est présent sur les étals une bonne partie de l'année, d'octobre à avril. « Le lieu de production, le nom de la variété, le caractère bio ou pas, on trouve beaucoup d'informations sur les étiquettes mais jamais la mention manipulé génétiquement », s'énerve Guy Kastler, responsable de la commission semences à la Confédération paysanne. Ce syndicat agricole, associé à différentes associations environnementales, crie aux « OGM cachés » et réclame leur interdiction ou, à tout le moins, une plus grande transparence.

Une décision du Conseil d'État leur donne des ailes. La plus haute juridiction administrative vient d'enjoindre au gouvernement d'interdire tournesols et colza rendus résistants aux herbicides. « Endives, choux, navets, poireaux, betteraves... Il y a dans nos placards beaucoup d'aliments issus de mutagenèse, de fusion cellulaire, bref, bidouillés génétiquement sans que ce soit indiqué. 85 % des endives sont concernées, on en trouve même dans les magasins bio », se désole Guy Kastler.

Émilie Torgemen, « Enquête : ces OGM cachés dans nos assiettes », *Le Parisien*, 28 février 2020.

Doc. 3 La diffusion des OGM en France

Les autorisations pour l'importation et la mise sur le marché d'OGM sont délivrées au niveau européen. Une centaine d'OGM et/ou leurs produits dérivés sont autorisés pour l'importation et l'utilisation en alimentation humaine et animale. Ces autorisations concernent le maïs, le soja, le colza, le coton et la betterave sucrière. Elles ne permettent pas la mise en culture des OGM correspondants. [...]

La culture des OGM à des fins commerciales est interdite en France depuis 2008. La France a d'abord fait usage des clauses de sauvegarde et mesures d'urgence prévues par la directive 2001/18/CE et le règlement 1829/2003 pour interdire la culture du maïs MON810. Ainsi, la loi n° 2014-567 du 2 juin 2014 interdit la mise en culture des variétés de maïs génétiquement modifié. [...]

Les ministères chargés de l'agriculture et de la consommation réalisent des contrôles pour vérifier le respect de la réglementation relative à la mise sur le marché et à la culture des OGM. Ces contrôles portent sur :

- les cultures : vérification du respect de l'interdiction de la mise en culture d'OGM (ministère chargé de l'Agriculture) ;
- les semences : recherche de la présence d'OGM et vérification du respect des règles d'étiquetage (ministères chargés de l'Agriculture et de la Consommation) ;
- les denrées alimentaires et les aliments pour animaux : recherche de la présence d'OGM non-autorisés et vérification du respect des règles d'étiquetage (ministère chargé de la Consommation).

Site du ministère de l'Agriculture, « La situation des OGM en France », 8 août 2018.

Démarche de **PROJET**

Étape 1

Déterminez, à partir de vos connaissances ou de vos recherches, quels sont les intérêts et les risques de l'utilisation d'organismes génétiquement modifiés.

Intérêts	Risques
....	....
....	....
....	....
....	....
....	....

Étape 2

Identifiez les acteurs engagés pour ou contre l'utilisation des OGM.

Pour les OGM	Contre les OGM
....	....
....	....
....	....
....	....
....	....

Étape 3

Quelles sont les principales lois qui encadrent l'usage des OGM en France ?

....
....
....
....
....
....
....
....

Étape 4

Finalement, d'après vos recherches, consomme-t-on des OGM en France ?

....
....
....
....
....
....
....

Étape 5

Partagez les résultats de votre enquête avec vos camarades sous la forme d'un exposé oral que vous ferez en classe ou sous la forme d'une courte vidéo que vous déposerez sur l'ENT de votre lycée.

3 La révolution numérique et l'essor de l'Internet

Le Web et ses réseaux, une nouvelle façon de faire vivre la démocratie ?

Situation 1 Un développement exponentiel du numérique

L'Internet des objets [IoT] recouvre les échanges de données issues des machines et des capteurs du monde réel qui communiquent *via* Internet. L'IoT constitue ainsi la troisième révolution numérique, après les télécommunications et l'Internet, en permettant l'interaction entre le monde digital et le monde physique : entre un humain et un objet et de machine à machine.
Ces communications contribuent fortement à l'accroissement du volume de données circulant sur les réseaux.

« IoT : tout savoir sur la 3e révolution numérique », orange.com, 6 novembre 2017.

1 Situation 1 Identifiez les domaines de la vie humaine concernés par la révolution numérique.

....

....

....

....

2 Situation 1 Calculez l'ampleur de cet accroissement estimé pour en apprécier l'importance.

....

....

....

Situation 2 Internet et le débat public politique

La nouvelle étude de l'OCDE « How's Life in the Digital Age ? » [...] se penche plus particulièrement sur la participation politique des populations sur Internet, un thème qui fait écho au mouvement des « gilets jaunes » qui s'est principalement structuré sur les réseaux sociaux.

Tristan Gaudiaut, « Internet, nouvel espace de participation politique », *statista.com*, 26 février 2019.

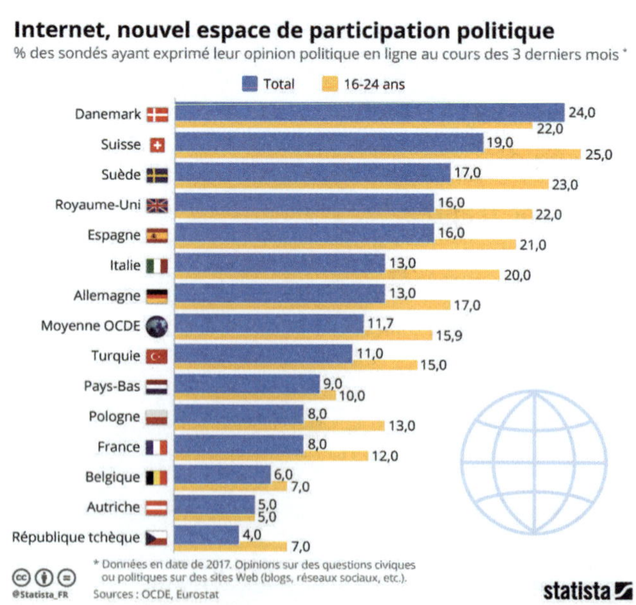

3 *Situation* 2 **Quels points forts pouvez-vous dégager de l'observation du graphique concernant l'expression politique sur Internet ?**

Situation 3 L'enseignement à distance pendant la crise de la Covid-19

Elizabeth, 12 ans, et Justin, 10 ans, suivent un cours de sciences sociales sur la chaîne EDU TV tout en faisant leurs révisions à la maison à Kibera, au Kenya. Le frère de Justin, Morara, est en maternelle.

Alors que près de 1,2 milliard d'écoliers sont toujours affectés par les fermetures d'écoles et se heurtent aux réalités de l'apprentissage à distance en raison de la pandémie de Covid-19, l'UNICEF redoute que les inégalités d'accès aux outils et à la technologie aggravent la crise mondiale de l'apprentissage. [...] « Il est crucial de fournir un éventail d'outils d'apprentissage et d'élargir rapidement l'accès à Internet pour chaque école et chaque enfant », affirme Robert Jenkins, chef de l'éducation de l'UNICEF. [...]
Moins de la moitié de la population a accès à Internet dans 71 pays à travers le monde. Malgré ces inégalités d'accès, 73 % des gouvernements des 127 pays pour lesquels nous disposons de données utilisent des plateformes en ligne pour assurer l'enseignement pendant la fermeture des écoles. [...]
Dans 14 pays, les données de l'UNICEF révèlent que les élèves qui ont accès à Internet chez eux ont de meilleures compétences de base en lecture que les enfants qui n'y ont pas accès. [...] SMS/Téléphones portables/Médias sociaux : plus de la moitié des pays se servent des SMS, des téléphones portables ou des médias sociaux pour assurer la continuité de l'enseignement. [...] Presque toutes les technologies utilisées pour assurer la continuité de l'éducation durant la fermeture des écoles fonctionnent à l'électricité. Pourtant, dans 28 pays communiquant des données, seuls 65 % des ménages du quintile le plus pauvre sont raccordés à l'électricité, contre 98 % des ménages du quintile le plus riche.

« Les inégalités d'accès à l'enseignement à distance en pleine crise de la Covid-19 risquent d'aggraver la crise mondiale de l'apprentissage », communiqué de presse de l'UNICEF, 5 juin 2020.

4 *Situation* 3 **Soulignez dans le texte les limites de l'enseignement à distance.**

5 *Situation* 3 **Selon vous, quelles conditions sont indispensables pour rendre cette forme d'enseignement efficace ?**

 # lien
UNESCO
foucherconnect.fr/21hgc068

MISE EN PERSPECTIVE

Le numérique, remède ou poison pour la démocratie ?

Doc. 1 La démocratie face aux infox*

Il y a belle lurette que le monde vit au rythme des mensonges, rumeurs, et autres tromperies. Mais ce qui est nouveau, c'est la vitesse à laquelle ils se diffusent. Les réseaux sociaux y contribuent, avec notre complicité tacite : nous baissons la garde, et nos facultés de discernement déclinent sous le poids de l'infobésité. [...]
Quand le sénateur italien Stefano Esposito tweete la prétendue retranscription d'un dialogue entre policiers pour justifier une intervention musclée des forces de l'ordre, le dessinateur Zerocalcare en [tire] une bande dessinée, drôle et cinglante à la fois. Ce qu'il dénonce en filigrane, c'est la menace que font peser les *fake news** sur nos démocraties. Quand elles s'immiscent dans les élections, comme aux États-Unis ou au Kenya, quand elles attisent la haine et les tensions, comme en Indonésie.

Une et éditorial de « L'ère de la désinformation », Carole Lembezat, *Courrier international*, hors-série, octobre 2017.

* Infox ou *fake news* = fausses informations.

1 Doc. 1 **Décrivez et interprétez la une de ce magazine.**

....

....

2 Doc. 1 **Selon vous, pourquoi les infox constituent un risque pour la démocratie ?**

....

....

Doc. 2 Numérique et sécurité : la protection des données

Face à la multiplicité des attaques contre les systèmes d'information, Emmanuel Macron veut créer un campus opérationnel associant industriels, chercheurs et start-up, en s'inspirant du modèle israélien.

« La guerre cyber a commencé et la France doit être prête à y combattre. » La phrase, un rien martiale, est de Florence Parly. En révélant début 2019 la cyberattaque menée contre les boîtes mails de 19 hauts cadres de la Défense, la ministre française des Armées avait désigné l'ennemi : un groupe de hackers baptisé Turla, soupçonné d'œuvrer pour les services de renseignement russes. [...]. Le ministère des Armées va consacrer 1,6 milliard d'euros au cyber d'ici à 2025 et recruter un millier de cybercombattants supplémentaires ces six prochaines années. Au-delà de l'effort militaire, c'est tout un écosystème qui est en train de se mettre en place. Au cours d'un récent Conseil de défense, Emmanuel Macron a lui-même lancé le projet d'un parc d'activité multidisciplinaire, une sorte de lieu totem entièrement consacré aux questions de cybersécurité.

Gilles Fontaine et Vincent Lamigeon, « La France à l'offensive dans la cybersécurité », *Challenges*, 23 novembre 2019.

3 Doc. 2 **Déterminez la menace que fait peser la cybercriminalité sur la démocratie.**

....

....

4 Doc. 2 **Comment l'État réagit-il face à la cybercriminalité ?**

....

....

Doc. 3 Le numérique, émancipateur démocratique

En 2011, le « Printemps arabe » s'est caractérisé par des mouvements de contestation populaire dans plusieurs pays arabes. Les réseaux sociaux et les smartphones ont joué un rôle important dans la contestation des gouvernements autoritaires.
Ici, ce dessin de presse met en scène le président égyptien, Hosni Moubarak.

© Chappatte *NZZ am Sonntag* (Zurich), 30 janvier 2011.

5 Doc. 3 **Interprétez ce dessin.**

....

....

....

....

....

....

....

....

....

....

Doc. 4 La loi « Pour une République numérique »

TITRE I

1. Ouverture par défaut des données publiques et d'intérêt général
2. Accès sécurisé aux données pour les chercheurs et statisticiens publics
3. Libre accès aux résultats des travaux de recherche publique et autorisation de la fouille de textes et de données

TITRE II

4. Neutralité du net
5. Portabilité des données
6. Loyauté de l'information à destination des consommateurs
7. Protection des données personnelles
8. Revanche pornographique*
9. Mort numérique**

TITRE III

10. Droit au maintien de la connexion à Internet
11. Facilitation des campagnes de dons par SMS
12. Accélération de la couverture numérique du territoire
13. Accessibilité du numérique
14. Une stratégie de développement des usages et services numériques à l'échelle territoriale
15. Une reconnaissance officielle de l'e-sport en tant que pratique professionnelle compétitive des jeux vidéo

« La #LoiNumérique en 15 points clés », ministère de l'Économie, 10 octobre 2016.

* Diffusion d'images intimes sans l'accord des personnes concernées.
** Effacement des informations d'une personne décédée.

6 Doc. 4 **Soulignez dans le texte d'une couleur différente ce qui concerne : la transparence de l'information, la sécurité du citoyen, l'égalité des citoyens.**

7 Docs. 2 et 4 **Expliquez comment l'État veille à protéger les citoyens et la démocratie des risques du numérique.**

....

....

....

Animer un débat en ligne

Pourquoi la modération constitue-t-elle une condition du débat démocratique en ligne ?

Étape 1

Comprendre les enjeux de la modération

Doc. 1 Les limites de la liberté d'expression sur les réseaux sociaux

Boutefeux ou censeurs : on ne compte plus, depuis le début de l'année, les critiques à l'égard des pratiques de modération des réseaux sociaux. Le président américain accuse Google et Twitter de « *censurer* » les conservateurs ; les Nations unies pointent dans un rapport le rôle de la propagande diffusée sur Facebook dans les crimes contre l'humanité visant les Rohingyas en Birmanie ; partout, des millions d'internautes se plaignent de voir des messages anodins supprimés ou, au contraire, des messages insultants laissés en ligne. [...]

En matière de pédopornographie ou de propagande terroriste, les progrès ont été réels et tangibles – ces contenus sont aujourd'hui supprimés très rapidement, de manière automatique. Pour tout le reste, la réponse des grands réseaux sur la modération est la même partout : « C'est compliqué ! » Twitter a assuré, à de multiples reprises ces dernières années, avoir pris conscience du caractère endémique du harcèlement sur son réseau, mais la situation n'a fait qu'empirer. Facebook a investi massivement dans l'embauche de modérateurs, mais la prolifération de messages de haine en Birmanie a montré que ces ressources étaient mal réparties – et insuffisantes pour les quelque deux milliards d'utilisateurs de la plate-forme. YouTube se débat avec son propre algorithme* de recommandation pour qu'il cesse de proposer aux internautes vidéo conspirationniste après vidéo conspirationniste. [...]

La force de Twitter est que n'importe qui peut y dire n'importe quoi à n'importe qui ; c'est aussi sa plus grande faiblesse. Facebook est tout entier tourné autour de l'« engagement », le fait que ses utilisateurs « likent », commentent, partagent les contenus des autres ; or, ce qui donne le plus envie de « liker », c'est l'indignation, la confrontation, la peur. Quant à YouTube, son système de recommandation ne fait que ce pour quoi il est programmé : proposer des vidéos qui ont des chances d'intéresser l'internaute – là aussi, la prime va aux images qui choquent, qui indignent, qui font réagir. Le fait qu'elles soient authentiques ou pas n'est pas pris en compte par l'algorithme.

Damien Leloup, « La très problématique modération des réseaux sociaux », *Le Monde*, 11 septembre 2018.

* **Algorithme** : calculs effectués à partir de grandes masses de données afin d'établir des classements et de définir des profils ; ainsi, le moteur de recherche de *Google* vise à présenter les sites qui semblent les plus pertinents en réponse à la requête de l'internaute.

> Trouvez les limites constatées de la modération sur quatre grands réseaux sociaux.

Twitter	....	**Google**	....
Facebook	....	**YouTube**	....

Étape 2

Connaître les principes de modération des commentaires

Doc. 2 Extrait de la charte de modération sur les réseaux sociaux de l'ONG Médecins du monde

1. Restez dans le sujet proposé.
2. Respectez les contributeur·rice·s de la communauté.
3. Respectez la loi encadrant la liberté d'expression.

Les commentaires doivent respecter la législation française en vigueur et notamment les dispositions de la loi du 29 juillet 1881 sur la liberté de la presse. Les messages doivent être dénués de tout :

– propos à caractère raciste, xénophobe, révisionniste, négationniste ;
– propos injurieux, diffamatoires, discriminants, envers une personne ou un groupe de personnes, en raison de leur origine, de leur appartenance ou de leur non-appartenance, vraie ou supposée, à une ethnie, une nation, ou une religion, en raison de leur sexe, de leur orientation sexuelle, de leur handicap, ou portant atteinte à la vie privée, au droit à l'image, ou à la réputation et aux droits d'autrui ;
– propos portant atteinte à la dignité humaine, provocation à la violence ;
– fausses informations.

4. Soyez vigilant·e·s : les commentaires publiés sur notre page ne représentent pas nécessairement les opinions de Médecins du monde et nous ne confirmons pas leur exactitude.

Étape 3

Organiser et modérer un débat en ligne

> Définissez un sujet de débat en lien avec la révolution numérique :

....

....

> Créez sur l'ENT un espace pour le déroulement de ce débat (forum, blog…).

Lien vers cet espace : ....

> Présentez les règles de participation à ce débat :
– énoncez les règles de participation au débat ;
– obtenez l'adhésion des participants à ces règles.

> Accordez les accès à cet espace à toutes les personnes qui peuvent participer au débat (votre classe, plusieurs classes de votre lycée…).

> Distribuez la parole et modérez les propos des différents participants, tout en respectant leur liberté d'expression.

Étape 4

Conclure et évaluer le débat

> À quelles conclusions a permis d'aboutir le débat ?

....

> Évaluez la qualité du débat en ligne que vous avez créé.

	Insatisfait	Peu satisfait	Satisfait	Très satisfait
Qualité de la distribution de la parole				
Respect de la parole de chacun/e				
Expression diversifiée des points de vue				
Qualité des argumentations				
Qualité globale du débat démocratique				

> Expliquez à l'oral quelle expérience vous tirez de l'organisation et de la modération de ce débat.

CAPACITÉS MOBILISÉES

- Analyser des documents en faisant preuve d'esprit critique.
- Exprimer une argumentation cohérente et étayée.

Changements et risques environnementaux

Doc. L'organisation d'un débat citoyen sur les nitrates

GOUVERNEMENT

CONCERTATION PRÉALABLE
RÉVISION DU PROGRAMME D'ACTIONS NATIONAL **NITRATES**

18 SEPTEMBRE – 6 NOVEMBRE 2020

Le programme d'actions national « nitrates » définit les mesures à mettre en place pour **lutter contre la pollution de l'eau par les nitrates d'origine agricole dans les zones françaises dites « vulnérables »**

Sous l'égide de deux garants nommés par la **Commission nationale du débat public**, l'État organise une concertation préalable à l'élaboration du 7ème programme d'actions national « nitrates » afin de **recueillir l'avis des citoyens**

DEBAT EN REGION « Quelles priorités pour la révision du programme d'actions nitrates ? »

14 OCTOBRE 2020 à PONT-A-MOUSSON
Centre de conférence de l'Abbaye des Prémontrés à partir de 18h30

POUR PARTICIPER A LA REUNION, INSCRIVEZ-VOUS OBLIGATOIREMENT SUR :

www.programme-nitrate.gouv.fr

Le dossier de concertation peut également être consulté en version papier dans les lieux d'accueil du public des Directions régionales de l'alimentation, de l'agriculture et de la forêt (DRAAF) et des Directions régionales de l'environnement, de l'aménagement et du logement (DREAL).

Pour plus d'informations, rendez-vous sur www.programme-nitrate.gouv.fr

Chambre d'agriculture de la Haute-Marne, haute-marne.chambre-agriculture.fr, octobre 2020.

1 Indiquez quel est l'objectif du « programme d'actions national nitrates » dirigé par l'État.

....

....

....

2 Indiquez un moyen mis en œuvre par les organisateurs pour encourager les citoyens à s'engager dans ce débat.

....

....

....

....

3 Indiquez quel est, selon vous, l'enjeu de ce programme.

– Pour les citoyens des régions agricoles :

....

....

– Pour le monde agricole : ....

....

....

4 Expliquez en quelques lignes pourquoi la participation des citoyens aux débats sur les risques environnementaux est essentielle en démocratie.

....

....

....

....

....

....

....

....

....

....

....

CAPACITÉS MOBILISÉES

- Connaître les valeurs et les principes de la République.
- Analyser des documents en faisant preuve d'esprit critique.
- Exprimer une argumentation cohérente et étayée.

MC THÈME annuel

Biotechnologies et éthique

Doc. Le don d'organes

24 heures de Boucles du don ce week-end à Besançon

Avec un village animation Départ / Arrivée sur la place Pasteur, un circuit balisé et sécurisé en centre-ville vous invite à marcher ou courir pour le don d'organes, en arborant un t-shirt offert par l'organisation.

LES GRANDS PRINCIPES DU DON :

La gratuité : le don d'organes est un acte de générosité et de solidarité entièrement gratuit. La loi interdit toute rémunération en contrepartie de ce don.

L'anonymat : le nom du donneur ne peut être communiqué au receveur, et réciproquement. La famille du donneur peut cependant être informée des organes et tissus prélevés ainsi que du résultat des greffes, l'équipe de coordination des prélèvements d'organes est en lien avec l'ABM qui continue le suivi des personnes greffées.

Le consentement présumé : en France, la loi indique que nous sommes tous donneurs d'organes et de tissus, sauf si nous avons exprimé de notre vivant notre refus de donner. Le refus est un choix personnel, il est cependant bon de savoir que l'ensemble des religions monothéistes sont favorables au don, le but ultime de « sauver des vies » étant supérieur à tout autre précepte.

Alexane, www.macommune.info, 15 septembre 2020.

1 Décrivez l'événement : en quoi consiste-t-il ? Quels en sont les participants ?

....

....

2 Quel est l'objectif poursuivi ?

....

....

....

3 Pour quelles raisons, selon vous, la loi garantit-elle la gratuité et l'anonymat du don d'organes ?

....

....

4 Expliquez quels sont les fondements éthiques de cette mobilisation.

....

....

....

La révolution numérique et l'essor de l'Internet

CAPACITÉS MOBILISÉES

- Connaître les valeurs et les principes de la République.
- Analyser des documents en faisant preuve d'esprit critique.
- Exprimer une argumentation cohérente et étayée.

Doc. **Stop au gâchis numérique : Emmaüs Connect lance LaCollecte.tech**

1 Identifiez à quelles personnes Emmaüs adresse ce message et en quoi consiste cette opération.

....

....

....

....

2 Quels sont les objectifs de cette collecte en lien avec le développement durable ?

....

....

....

....

....

....

....

....

3 À quelles valeurs les arguments utilisés font-ils référence ?

....

....

4 Vous avez été témoin d'actions de solidarité, dans votre établissement ou dans un autre cadre ; expliquez, à l'aide d'exemples, l'importance pour un citoyen de s'engager dans ce type de démarche.

....

....

....

....

....

....

....

....

....

....

....

PORTFOLIO EMC

S'engager et débattre en démocratie autour des défis de société

Thème annuel

1 *Changements et risques environnementaux*

Écrivez ici ce que vous avez conduit comme projets dans votre classe, dans les centres de formation ou dans les entreprises à l'occasion de vos périodes de formation en milieu professionnel.

Indiquez aussi tous les événements personnels en lien avec le thème (lectures, rencontres, visites...).

2 *Biotechnologies et éthique*

Écrivez ici ce que vous avez conduit comme projets dans votre classe, dans les centres de formation ou dans les entreprises à l'occasion de vos périodes de formation en milieu professionnel.

Indiquez aussi tous les événements personnels en lien avec le thème (lectures, rencontres, visites...).

3 *La révolution numérique et l'essor de l'Internet*

Écrivez ici ce que vous avez conduit comme projets dans votre classe, dans les centres de formation ou dans les entreprises à l'occasion de vos périodes de formation en milieu professionnel.

Indiquez aussi tous les événements personnels en lien avec le thème (lectures, rencontres, visites…).

....

....

....

....

....

....

....

....

....

....

....

....

....

....

....

....

....

....

....

....

....

....

Mise en œuvre des capacités

Complétez le tableau en positionnant votre travail sur les capacités.

HISTOIRE **Premier thème • Le jeu des puissances dans les relations internationales depuis 1945**		
Capacités travaillées	**Élève**	**Professeur**
Identifier et nommer les périodes historiques, les continuités et les ruptures chronologiques en rapport avec le jeu des puissances depuis 1945 et la construction européenne.		
Confronter les points de vue des États-Unis et de l'Union soviétique à travers l'analyse de documents de propagande.		
Raconter à l'oral ou à l'écrit le rôle d'un leader indépendantiste ou d'une organisation dans l'accession à l'indépendance d'un pays.		
Dégager l'intérêt, la portée et le sens d'un document de la période (discours, actes de séminaires internationaux, conférences, traités).		
Second thème • Vivre en France en démocratie depuis 1945		
Capacités travaillées	**Élève**	**Professeur**
Mener une analyse historique à partir d'un document iconographique ou audiovisuel (affiche, publicité de la presse écrite, caricature, publicité télévisée, œuvre d'art…).		
Situer une réforme institutionnelle dans son contexte pour l'expliquer.		
Questionner et analyser un texte historique (discours, textes de loi, mémoires, témoignages, articles de presse).		
Raconter un moment ou un événement de la période étudiée en argumentant sur sa portée historique.		

GÉOGRAPHIE

Premier thème • L'accès aux ressources pour produire, consommer, se loger et se déplacer

Capacités travaillées	Élève	Professeur
Raconter l'engagement d'un acteur impliqué dans la gestion d'une ressource du territoire de proximité de l'élève.		
Analyser un conflit d'usage autour d'une ressource dans le cadre d'une étude de cas ou d'un exemple d'aménagement dans les politiques territoriales (SRADDET, SCOT, PLU, plans climat-énergie, plans de déplacements urbains, plans de gestion des déchets…).		
Réaliser le croquis d'un aménagement qui met en œuvre un ou des objectifs de développement durable.		
Imaginer, en groupe, un projet d'aménagement concerté lié à une ressource et répondant aux défis sociétaux (liens avec l'EMC).		

Second thème • Les sociétés et les risques : anticiper, réagir, se coordonner et s'adapter

Capacités travaillées	Élève	Professeur
Situer un risque climatique dans son contexte et justifier l'organisation de sa gestion.		
Analyser le traitement médiatique d'un aléa ou d'un risque et dégager les limites de ce traitement.		
Réaliser une production cartographique simple montrant la vulnérabilité d'un territoire.		
Construire à titre individuel ou collectif un argumentaire présentant l'intérêt d'un plan de prévention des risques.		

1re partie HISTOIRE (6 points)

Durée : 2 h 30

Thème 1 : Le jeu des puissances dans les relations internationales depuis 1945

COMPÉTENCE : **Maîtriser** et utiliser des repères chronologiques et spatiaux.

Mémoriser et s'approprier les notions

1 Datez et définissez la guerre froide en l'illustrant d'un exemple.

....

....

....

Se repérer

2 Expliquez pourquoi la conférence de Bandung (1955) marque un tournant dans le jeu des puissances.

....

....

....

COMPÉTENCE : **S'approprier** les démarches historiques.

Exploiter les outils spécifiques aux disciplines

3 Complétez le tableau et la frise chronologique en annexe.

Mener et construire une démarche historique et la justifier

4 Racontez le rôle d'un leader indépendantiste dans le contexte de la décolonisation.

....

....

....

....

....

....

....

....

....

Annexe Un exemple d'organisation régionale

L'Union européenne

→ Nombre de pays membres en 1957 : .... En 2021 : ....

→ But de cette organisation régionale : ....

....

1951-1957	1957-1992	Depuis 1992
La CECA	....	....

↓

1957

....

....

1 SUJET TYPE

2e partie **GÉOGRAPHIE (8 points)**

COMPÉTENCES ET CAPACITÉS MOBILISÉES

- **Situer** un événement dans son contexte pour l'expliquer.
- **Réaliser** une production cartographique montrant la vulnérabilité d'un territoire.

Thème 2 : Les sociétés et les risques : anticiper, réagir, se coordonner et s'adapter

Sujet : LES INONDATIONS DANS LE SUD-EST DE LA FRANCE (2020) : ÉPISODE MÉDITERRANÉEN

Documents :

	Source des documents
Document 1	Images satellite CNES 2020.
Document 2	Extraits d'un article de Mathilde Frénois, *Libération*, 3 octobre 2020.
Document 3	Texte et photographie de Nicolas Tucat pour l'*AFP*, « Portraits et témoignages de sinistrés après les inondations meurtrières », 8-9 octobre 2020.

Doc. 1 Images satellite de Roquebillière avant / après l'inondation d'octobre 2020

Dans la nuit du 2 au 3 octobre 2020, les Alpes-Maritimes ont été touchées par la tempête Alex, il est tombé plus de 50 cm de pluie en quelques heures. Il s'agit d'un « épisode méditerranéen » ou « cévenol ». Un bulletin de vigilance avait été émis par Météo-France à partir du 2 octobre et la préfecture avait alerté les maires et pris des mesures (dont la fermeture des écoles) mais une telle crue est difficile à prévoir. Le bilan humain pour le département est de 10 morts et 8 disparus. Plusieurs communes dont Roquebillière ont été reconnues en état de catastrophe naturelle suite aux inondations et coulées de boue.

Doc. 2 Gestion de crise et solidarité

Les habitants de Roquebillière et de Saint-Martin-Vésubie n'ont plus de voie d'accès jusqu'à Nice – à moins de faire un détour de 2 h 30 par le col de Turini à 1 600 mètres d'altitude. Plus d'électricité non plus, d'eau courante, de réseau téléphonique, ni d'Internet. Sur la place du village de Roquebillière, l'horloge de l'hôtel de ville s'est arrêtée à 21 h 35.

À l'intérieur, le maire fait le bilan – à l'ancienne, sans ordinateur et avec du papier. Le monument aux morts n'est plus, la station de traitement d'eau a été emportée, les plans d'eau et de pêche sont hors service, les passerelles arrachées. « *Sur le plan humain, on a quatre personnes encore disparues. Les deux pompiers et deux personnes âgées*, précise Gérard Manfredi. *Elles ont été emportées dans leur maison qu'elles refusaient de quitter. On a négocié toute la journée.* » Son épouse, Monique Manfredi, conseillère municipale : « *À 83 et 88 ans, ils nous ont expliqué être déjà passés par là. Ils ont dit : "On préfère mourir dans notre maison plutôt que de reconstruire".* » Deux imprudents sur un pont fermé et un gendarme avaient également été emportés, avant d'être retrouvés. « *Ce sont des miraculés* », assure le maire.

Sur la place du village, on charge son portable sur le groupe électrogène et on attend la distribution d'eau. Près de 5 000 bouteilles ont déjà été données. C'est la solidarité du village qui s'active. La veille, après le retentissement de la sirène, 35 personnes ont été hébergées au collège, une dizaine chez l'habitant. [...]

Les secours sont encore présents : les hélicoptères en l'air et les camions sur la place. Des brigades de sauvetage en eaux vives sont arrivées de l'ouest de la région. La veille, Bastien, pompier volontaire de 19 ans, avait de l'eau jusqu'à la taille lors d'une évacuation dans une maison. Il est passé sur la route une minute avant son effondrement. Sa collègue Camille s'inquiète : « *Il pleut encore demain ?* demande-t-elle. *On est coupé du monde, on n'a même plus la météo.* » Dans le bureau, comme dans toutes les mairies, le plan de la commune est affiché. Un fin trait turquoise divise l'affiche : c'est la Vésubie. Cette même rivière, furieuse et marron, qui dévale en contrebas.

Compte tenu de la gravité de la situation, le Premier ministre, Jean Castex, et le ministre de l'Intérieur, Gérald Darmanin, se sont rendus dans les Alpes-Maritimes ce samedi. Sur Twitter, Emmanuel Macron a fait part de « *toutes* [*ses*] *pensées aux victimes de la tempête Alex* [*et*] *à leurs proches. Partout l'État est aux côtés des élus pour aider les Français* ». Depuis vendredi, les secours ont fait 363 interventions : 261 personnes ont été mises en sécurité. Sur place, 128 pompiers sont mobilisés.

Mathilde Frénois, *Libération*, 3 octobre 2020.

Doc. 3 Témoignage d'un sinistré et projet de reconstruction

Arnaud Leclercq, 45 ans, propriétaire d'un camping à Roquebillière, prend la pose devant l'un de ses mobil-homes en ruines. « Nous étions le plus grand camping de la vallée de la Vésubie. Nous avions près de cinquante personnes sur place, mais comme la préfecture nous a placés en vigilance orange, j'ai fait évacuer tout le monde la veille de la crue. Le lendemain, le vieux pont a cédé et son tablier a détourné l'eau dans la rue au-dessus du camping. Une vague d'un mètre a balayé les mobil-homes, et là 80 % du camping est en ruines. On avait tout fait à partir de zéro, il y a six ans avec ma femme. On va recommencer. Je pense qu'on sera prêts pour la saison 2022. Nous aurons toujours peur que cela se reproduise, alors il faudra discuter pour faire construire une digue. Actuellement, nous attendons des nouvelles des assurances », explique-t-il.

© Nicolas Tucat/*AFP*, 8-9 octobre 2020.

Questions

1 Doc. 1 Observez les deux images satellite et décrivez ce qui s'est passé à Roquebillière le 3 octobre 2020.

2 Doc. 1 Comparez les deux images satellite et complétez le croquis de l'annexe en vous aidant de sa légende.

3 Doc. 1 à 3 Exposez les conséquences de cet épisode méditerranéen.

4 Doc. 2 Identifiez les différents acteurs mobilisés et leur rôle.

5 Doc. 1 à 3 Montrez ce qui a permis d'atténuer la catastrophe malgré l'aspect inattendu et soudain de la crue.

6 Doc. 3 Après la catastrophe, comment la commune peut se reconstruire durablement ?

Annexe **Titre :** ....

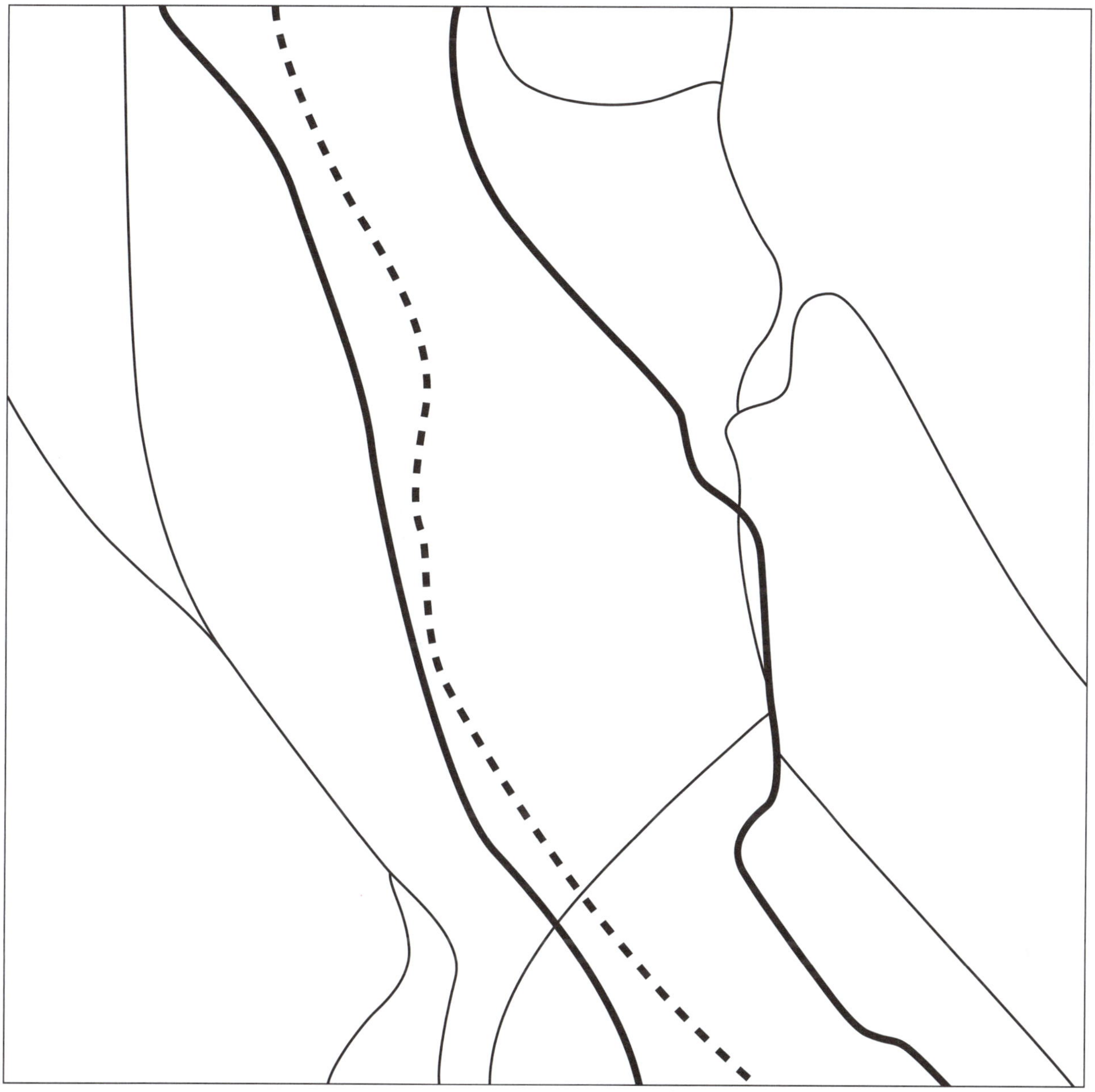

- Rivière
- Zone inondée
- Zone bâtie
- Bâtiments détruits ou endommagés
- Route
- Route endommagée

1 SUJET TYPE

3e partie **ENSEIGNEMENT MORAL ET CIVIQUE (6 points)**

COMPÉTENCES ET CAPACITÉS MOBILISÉES

- **Construire** et exprimer une argumentation cohérente et étayée en s'appuyant sur les repères et les notions du programme.
- **Respecter** autrui et la pluralité des points de vue.

Thème 3 : S'engager et débattre en démocratie autour des défis de société

> Notions pouvant être mobilisées : responsabilité, liberté d'expression, pluralisme...

Sujet : L'IMPACT DE NOS MOBILITÉS SUR L'ENVIRONNEMENT

Doc. 1 Des mobilités peu durables

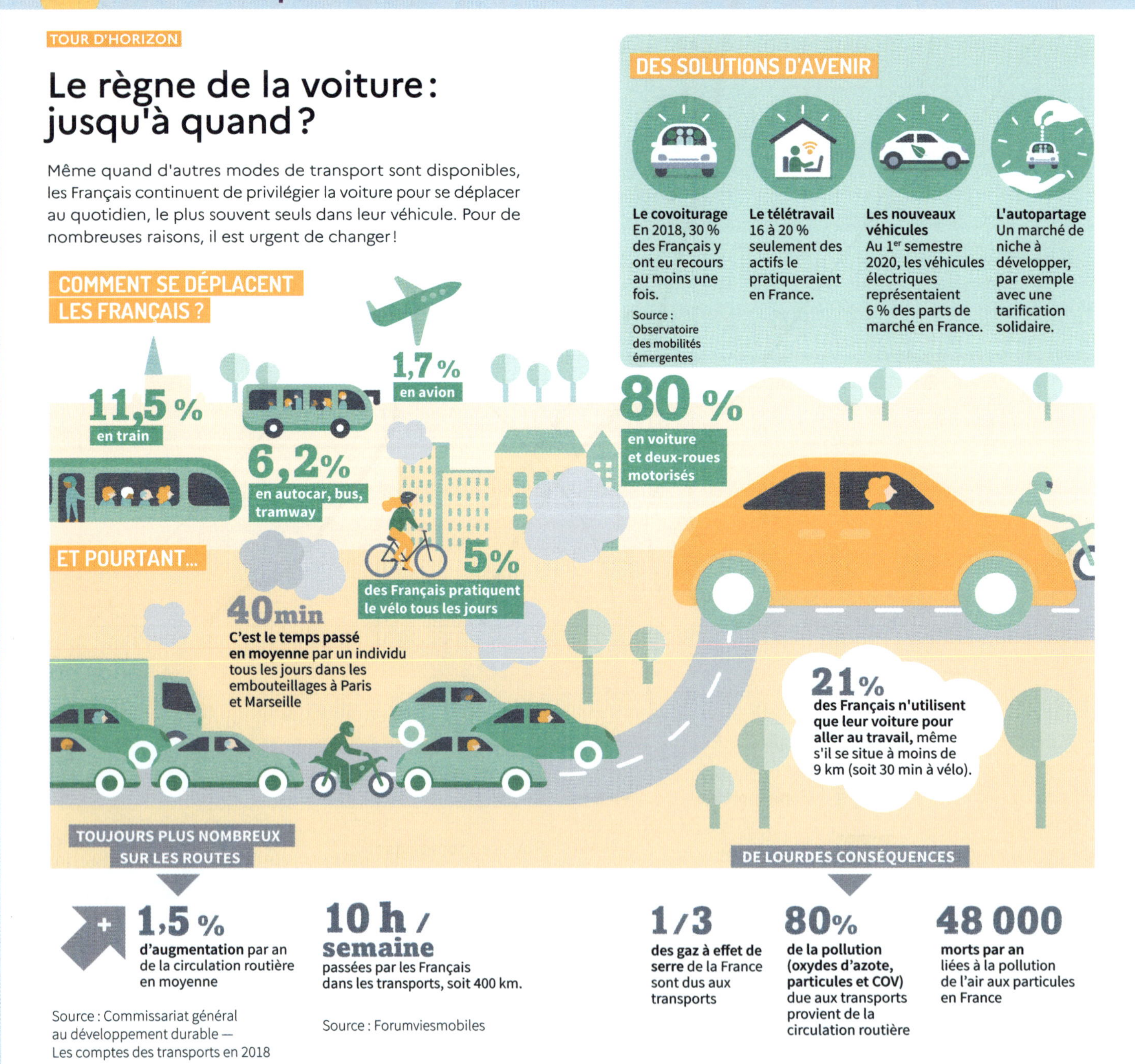

Brochure *La mobilité en 10 questions*, Agence de l'environnement et de la maîtrise de l'énergie (ADEME), septembre 2020.

Doc. 2 La recherche de mesures efficaces dans les grandes villes

La gratuité des transports publics est-elle réellement une solution favorable à l'environnement ? Cela ne semble pas sûr si l'on étudie, de près, l'exemple de Dunkerque.

Tout le monde semble considérer la gratuité des transports publics comme une solution favorable à l'environnement, puisqu'elle permet de réduire le trafic automobile et que les bus polluent moins que les voitures. Même si quelques spécialistes en doutent, le sujet ne suscite aucun débat. Il est pourtant possible de montrer qu'il n'en est rien.

Prenons le cas de Dunkerque. Dans cette ville, la gratuité totale des bus a fait bondir la fréquentation de 77 % entre 2017 et 2019 et la part des transports publics dans l'ensemble des déplacements (la « part modale ») est passée de 5 à 9 %, ce qui entraîne, imagine-t-on, une baisse de 4 points du trafic auto et de la pollution. La réalité est plus complexe.

Des bus peu vertueux

Intéressons-nous d'abord à ces transports en commun. Un bus thermique n'est, en fait, pas très écologique. C'est un véhicule assez lourd (12 tonnes à vide pour un bus standard), qui n'est rempli qu'aux heures de pointe et près des lieux générateurs de trafic. Si bien que son taux d'occupation moyen est assez faible (10 voyageurs par bus en moyenne dans les villes de 150 000 à 250 000 habitants).

Résultat, selon l'ADEME, les émissions de CO_2 d'un bus en province ne sont inférieures que de 36 % par personne transportée à celles des voitures particulières en milieu urbain.

Si l'on considère que les bus affichent un bon taux de remplissage grâce à la gratuité, on peut toutefois estimer qu'une personne circulant dans un bus gratuit est à peu près deux fois plus vertueuse qu'un automobiliste (c'est le cas à Dunkerque).

Des bus hybrides ou électriques, des tramways ou métros font certes mieux mais sont bien plus coûteux, et justement l'argent manque dans les réseaux gratuits faute de recettes pour investir. Il faudrait de plus comparer ces solutions à des voitures hybrides ou électriques. [...]

D'autres mesures beaucoup plus efficaces

Dans une ville moyenne, il faudrait tout à la fois généraliser les zones 30 et réduire le nombre et la largeur des files de circulation sur les artères, comme à Lorient, encadrer et tarifer le stationnement, y compris des deux-roues motorisés, comme à Vincennes, et en même temps améliorer la qualité des espaces publics pour les piétons, aménager un réseau cyclable sur les artères, réaliser des lignes de bus à haut niveau de service, avec des voies réservées qui prennent de la place à la voiture.

Frédéric Héran (économiste et urbaniste, université de Lille),
« Transports publics gratuits, une mesure inefficace contre la pollution en ville », *The Conversation France*, juin 2020.

Questions

1 Doc. 1 et 2 Complétez le tableau ci-dessous afin de présenter les enjeux de la situation proposée.

Quel risque environnemental est évoqué ?	Quels usages sont à l'origine du risque ?	Quel est l'objectif à atteindre ?	Quels acteurs recherchent des solutions ?
....	....	....	....

3e partie ENSEIGNEMENT MORAL ET CIVIQUE (6 points)

2 Doc. 1 En vous appuyant sur l'infographie de l'ADEME, justifiez l'affirmation suivante :
Au quotidien, les Français privilégient largement des modes de transport individuels.

....

....

....

3 Doc. 2 Citez une difficulté environnementale et une difficulté économique posées par la gratuité des réseaux de bus en milieu urbain.

Environnementale : ....

....

Économique : ....

....

4 Doc. 1 et 2 En vous appuyant sur des exemples pris dans chacun des documents, démontrez que l'ADEME et l'urbaniste Frédéric Héran recommandent d'agir à des niveaux différents pour diminuer le risque lié à la pollution automobile.

....

....

....

....

5 Doc. 1 et 2 À l'aide des documents et de vos connaissances, exposez avec précision deux solutions qui, selon vous, permettraient de réduire efficacement l'impact des mobilités sur l'environnement, puis une mesure dont vous doutez de l'efficacité.

....

....

....

....

....

....

....

....

....

....

....

....

....

....

....

....

partie GÉOGRAPHIE (6 points)

Durée : 2 h 30

Thème 1 : L'accès aux ressources pour produire, consommer, se loger et se déplacer

COMPÉTENCE : **Maîtriser** et utiliser des repères chronologiques et spatiaux.

Mémoriser et s'approprier les notions

1 En illustrant par un exemple de votre choix, définissez ce que sont les changements globaux.

....

....

....

....

Se repérer

2 Sur le planisphère en annexe 1, localisez (en vert) et nommez les cinq principaux États producteurs d'énergies renouvelables ainsi que deux États, de continents différents, confrontés à l'insécurité alimentaire (en rouge).

....

....

COMPÉTENCE : **S'approprier** les démarches historiques.

Exploiter les outils spécifiques aux disciplines

3 À partir du texte ci-dessous, complétez l'organigramme dans l'annexe 2.

Doc.

La transition des énergies fossiles aux énergies renouvelables est une expérience inédite et planétaire. Quitter le fossile pour une énergie plus « propre » exige en effet de gérer la croissance de la consommation mondiale d'énergie et simultanément de développer des sources alternatives d'énergie. Il faut à la fois anticiper l'épuisement des ressources pétrolières et permettre à tous les pays d'accéder au niveau de vie des pays industrialisés ; l'objectif étant de diviser par deux les émissions mondiales de CO_2 avant 2050.

« Demain, un monde sans pétrole ? »,
F. Tétart et C. Marin, *Grand Atlas 2020*, © Autrement, un département Flammarion, 2019.

Mener et construire une démarche géographique et la justifier

4 Expliquez la corrélation entre richesse et pollution.

....

....

....

....

....

....

Annexe 1

Annexe 2

Postulat : « La transition des énergies fossiles aux énergies renouvelables est une expérience inédite et planétaire. »

CHOIX

....	....	....
Pour...	**Pour...**	**Pour...**
....	....	....

Objectifs de ces choix : ....

....

COMPÉTENCES ET CAPACITÉS MOBILISÉES

- **Mener** une analyse historique à partir d'un document iconographique.
- **Questionner** des documents pour conduire à une analyse historique.

Thème 2 : Vivre en France en démocratie depuis 1945

Sujet : LA TÉLÉVISION DES ANNÉES DE GAULLE

Documents :

	Source des documents
Document 1	Graphique réalisé d'après les articles d'Isabelle Gaillard, « De l'étrange lucarne à la télévision », Vingtième siècle, 2006 et « Télévision et chronologies », *Hypothèses*, 2004.
Document 2	Allocution du général de Gaulle diffusée par la télévision, AFP, 29 janvier 1960.
Document 3	R. Le Champion, *Télévision de pénurie, télévision d'abondance*, © Direction de l'Information Légale et Administrative, 2000.

Doc. 1 La télévision fait son entrée dans les foyers français

Le premier émetteur installé en province l'a été en 1950. En 1957, seules cinq grandes zones urbaines (Paris, Lyon, Lille, Marseille et Strasbourg) reçoivent la télévision. L'État installe progressivement les émetteurs. Jusqu'à la fin des années 1960, pour l'immense majorité des Français, la réception des programmes se fait sur une seule chaîne. La seconde chaîne apparaît en 1964 et ne concerne, à l'époque, qu'un public très restreint. La « télé couleur » apparaît en 1967, et seulement pour la deuxième chaîne.

Équipement des ménages français en téléviseur (en %) et temps de travail nécessaire à un ouvrier pour son acquisition (en mois) de 1949 à 1971

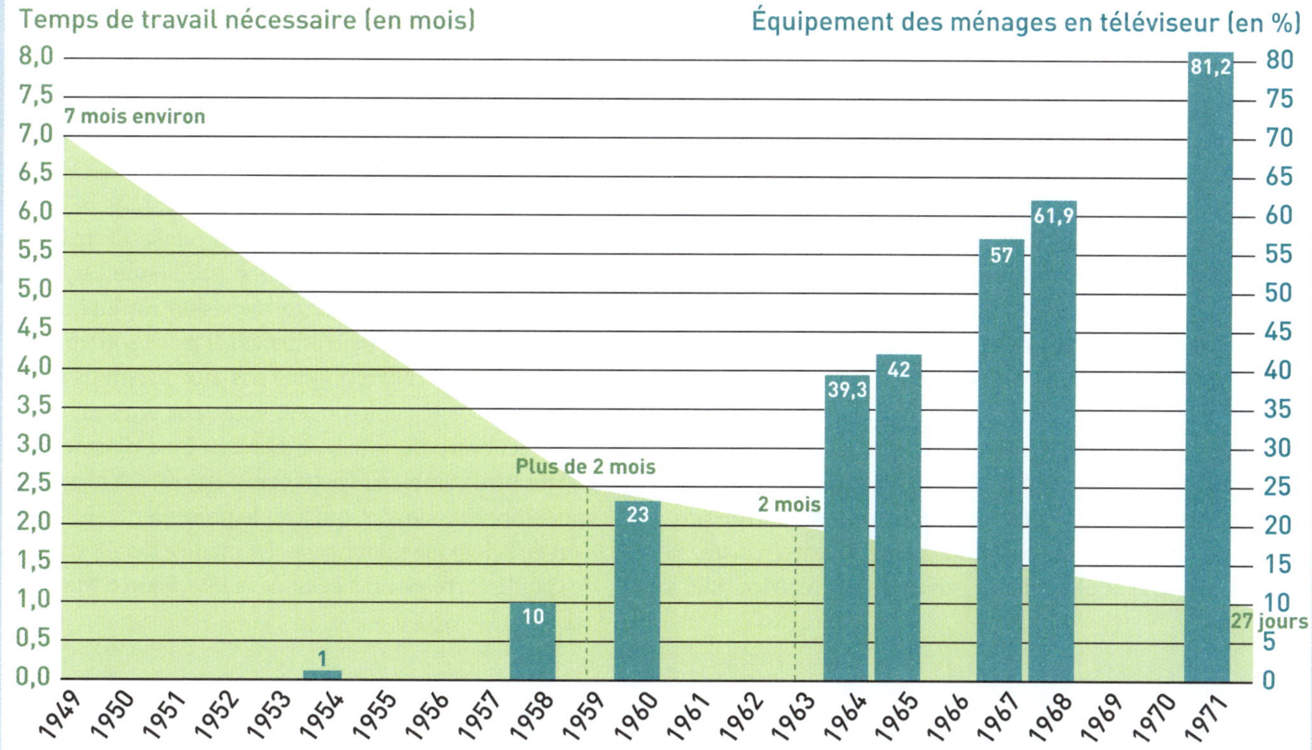

D'après les articles d'Isabelle Gaillard, « De l'étrange lucarne à la télévision » *Vingtième siècle*, 2006 et « Télévision et chronologies », *Hypothèses*, 2004.

Doc. 2 La télévision, outil de divertissement et vecteur d'information

Au milieu des années 1960, les foyers équipés de téléviseurs consomment jusqu'à deux heures d'émissions par jour en moyenne (trois environ à la fin de la décennie). Les programmes s'étoffent progressivement, alternant émissions pour enfants, sports et variétés, présentations d'œuvres (littéraires, théâtrales, musicales cinématographiques...), informations (le premier journal télévisé voit le jour dès 1949). C'est aussi un moyen de communication : à travers le « petit écran », dans ses allocutions radiotélévisées, le chef de l'État s'adresse directement aux Français.

Allocution du 29 janvier 1960 diffusée par la télévision où le général de Gaulle réitère ses propositions d'autodétermination pour sortir du conflit algérien (source AFP).

Doc. 3 Le modèle de télévision sous de Gaulle

Dès 1945, la télévision est définie comme un monopole public. C'est l'État qui est en charge de construire le réseau de diffusion et contrôle les programmes.

Le général de Gaulle, peut-être plus qu'un autre, a bien compris le potentiel politique de la télévision naissante. L'expérience de la guerre et le précieux outil qu'est la radio à cette époque [...] forgent sans doute ses convictions sur la puissance des moyens de communication modernes. Lors de son retour au pouvoir en 1958, il entend faire du petit écran un instrument de dialogue entre lui et les Français. Cette prescience est essentielle. L'homme marque de son empreinte ce média au moment même de son décollage. [...]

Il existe bel et bien un dessein gaulliste en matière de programmation. Dans un souci quelque peu paternaliste, la télévision se doit alors d'être exigeante et créatrice. Elle a pour mission d'enrichir le public, elle est en quelque sorte une véritable télévision de service public. [...]

Porter la bonne parole, séduire un public de masse sont les deux marques de la télévision gaullienne car, par-delà les intentions louables, cette télévision est aux mains du pouvoir [...]. De Gaulle n'affirmait-il pas à son ministre de l'Information : « Ne répondez pas aux questions des journalistes. Vous les convoquez, vous leur dites ce que vous avez à leur dire, vous le leur dictez. » Ce dirigisme caractérisé montre combien le petit écran est considéré comme un appendice du pouvoir, qui a su le préserver de toute intrusion de la logique marchande. Le modèle de télévision sous de Gaulle correspond à celui de la télévision d'État.

R. Le Champion, *Télévision de pénurie, télévision d'abondance*, © Direction de l'Information Légale et Administrative, 2020.

Questions

1 Doc. 1 Caractérisez l'évolution du taux d'équipement des ménages français en téléviseur entre 1954 et 1971.

2 Doc. 1 En vous appuyant sur la lecture du graphe et vos connaissances, nommez les facteurs économiques permettant d'expliquer cette évolution.

3 Doc. 2 Décrivez la scène représentée, puis précisez ce qu'elle traduit du rapport des Français et Françaises à la télévision en 1960.

4 Doc. 2 et 3 Dites quel usage politique le général de Gaulle entend faire de ce nouveau média.

5 Doc. 3 Relevez et classez dans le tableau suivant les éléments permettant de caractériser, selon l'auteur du texte, la télévision des années de Gaulle.

Aspects sociétaux et culturels	Dimension politique
....	....
....	....
....	....
....	....
....	....
....	....

6 Doc. 1 à 3 En vous appuyant sur l'ensemble des documents et vos connaissances, expliquez en quoi la pénétration de la télévision dans les foyers français est représentative des transformations économiques, sociales et culturelles de la société française au temps des Trente Glorieuses.

....
....
....
....
....
....
....
....
....
....
....
....
....
....
....
....
....
....
....
....
....
....
....
....
....
....

COMPÉTENCES

- **Construire** et exprimer une argumentation cohérente et étayée en s'appuyant sur les repères et les notions du programme.
- **Respecter** autrui et la pluralité des points de vue.

Thème 3 : S'engager et débattre en démocratie autour des défis de société

> Notions pouvant être mobilisées : démocratie, citoyenneté, engagement, responsabilité, liberté d'expression...

Sujet : RÉVOLUTION NUMÉRIQUE ET CITOYENNETÉ : LES RÉSEAUX SOCIAUX

Doc. 1 Droits et réseaux sociaux : à Vitry-sur-Seine, les lycéens de Jean Macé débattent

Qu'est-ce que le droit à l'image ? Où commence le harcèlement en ligne ? Quelle différence entre liberté d'expression et injure publique ? Voilà des questions brûlantes dont ont débattu ce mercredi 16 décembre une vingtaine d'élèves du lycée Jean Macé à l'initiative de l'association locale Jeunes Solidaires du Val-de-Marne et l'association étudiante de la Clinique juridique de la Sorbonne.

« C'est un projet qu'on prépare depuis un long moment, on a fait plusieurs réunions pour donner nos idées, et puis on s'est dit qu'on n'avait pas assez d'informations sur les réseaux sociaux, alors que ça nous concerne directement » motive Kenza, en terminale au lycée Jean Macé et membre de Jeunes Solidaires 94. C'est à l'initiative de cette association vitriote, composée de lycéens et d'étudiants, qui œuvre dans l'humanitaire et la réussite pour tous, que la rencontre-débat a pu avoir lieu. Pour la mettre en œuvre, ils se sont associés à la Clinique juridique de la Sorbonne, une association d'étudiants en droit à l'université Paris 1 Panthéon-Sorbonne. *« Ils nous ont contactés en septembre et on a monté un partenariat avec une convention. L'idée est de fournir des connaissances juridiques et de faire de l'éveil citoyen »* détaille Yeliz Inci, secrétaire générale de l'association. Elle et trois « cliniciens » ont donc animé les débats durant plus de deux heures.

Au programme : droits sur Facebook, Twitter et autres réseaux sociaux, protection des données personnelles au droit à l'oubli, droit à l'image, responsabilité des réseaux sociaux, devoirs en tant qu'utilisateur, prévention de la diffamation, du cyberharcèlement, ou encore de l'apologie de crimes... Le tout à partir de cas pratiques. [...]

« C'était très intéressant, on a appris plein de nouvelles choses. Je pense qu'on n'est pas assez informé sur ces questions », réalise Marwa, en terminale. *« J'ai beaucoup aimé la partie sur les droits d'auteur. Je vais faire plus attention à ce que je diffuse désormais »*, ajoute Raja, également en terminale. [...]

En prenant conscience de leurs droits et de leurs devoirs, *« les jeunes pourront comprendre leur rôle et leur responsabilité dans la société, le pouvoir et l'importance qu'ils ont. On veut promouvoir la participation citoyenne »* enjoint Samuel Gaël Komesha, président de Jeunes Solidaires 94.

Les ateliers, qui commenceront en janvier, ont vocation à essaimer, d'abord dans **les quartiers politique de la ville*** et lycées de Vitry, puis dans les autres établissements du territoire Grand-Orly Seine Bièvre. *« Au-delà de cette année, on aimerait bien que ce projet soit porté dans les quartiers politique de la ville du département et du territoire »*, espère Samuel.

Article de Pablo Girard pour *94 Citoyens* (quotidien indépendant d'information en ligne sur le département du Val-de-Marne et le Grand-Paris), 19 décembre 2020.

* Les quartiers « politique de la ville » sont des quartiers définis par la loi de programmation pour la ville et la cohésion urbaine promulguée le 21 février 2014, selon l'importance de leur population bénéficiant d'un revenu inférieur à 11 250 euros par an – en 2019, 1 514 quartiers situés dans 859 communes bénéficient de la politique de la ville.

Doc. 2 Réseaux sociaux et démocratie, dessin de Plantu

© Plantu, dessin paru dans *Le Monde* du 18 février 2020.

Questions

1 Doc. 1 Quel événement est relaté dans cet article : comment a-t-il été organisé, quelle en est la finalité, quels sont les différents acteurs impliqués et quel est leur rôle ?

....

....

....

....

....

2 Doc. 1 D'après les réflexions favorisées par ces débats, quelles sont les formes d'engagement que prennent les différents acteurs menant ces actions et en référence à quelles valeurs républicaines ?

....

....

....

....

....

....

....

3 Doc. 2 Décrivez chacun des éléments composant cette caricature et expliquez quelle critique fait le dessinateur des réseaux sociaux et de leurs impacts sur la démocratie.

....

....

....

....

....

....

....

4 Doc. 1 et 2 À partir de ces documents et de votre expérience personnelle, identifiez les limites des réseaux sociaux. Citez une ou deux lois qui tentent d'en contrôler les effets.

....

....

....

....

....

....

....

5 Doc. 1 et 2 Après avoir expliqué les responsabilités du gouvernement, d'une part, et de chaque citoyen, d'autre part, dans le contrôle des usages des réseaux sociaux, vous donnerez votre avis sur l'intérêt ou non des réseaux sociaux pour l'éducation du citoyen et sa place dans la démocratie. Vous argumenterez votre point de vue en vous appuyant sur votre expérience ou sur des projets menés pendant l'année.

....

....

....

....

....

....

....

....

....

....

....

....

....

....

....

Crédits iconographiques

I rabat	ph © BnF
I rabat	© Jean-Paul Cousin, Musée de La Poste, Paris / La Poste 2021
I rabat	© journal-officiel.gouv.fr
I rabat	ph © LAPI / Roger-Viollet
I rabat	ph © AFP
I rabat	© CSA
III rabat	ph © torsakarin - stock.adobe.com
III rabat	ph © Alexandre Marchi / PHOTOPQR / L'EST REPUBLICAIN / MAXPPP
IV rabat	ph © Keystone / Hulton Archive / Getty Images
IV rabat	ph © Everett Collection / Aurimages
IV rabat	ph © Leslie Illingworth Associated Newspaper / Solo Syndication, London
IV rabat	ph © Europa Grafica – DG X - Représentation de la Commission européenne au Luxembourg
IV rabat	ph © Keystone-France
IV rabat	ph © Lehtikuva / AFP
IV rabat	ph © Wallis / Sipa Press
IV rabat	ph © José Nicolas / Hans Lucas / AFP
IV rabat	ph © Spencer Platt / Getty Images / AFP
V rabat	ph © LAPI / Roger-Viollet
V rabat	ph © AFP
V rabat	ph © Marc Riboud (détail)
V rabat	© Région Occitanie
V rabat	ph © Gilbert Uzan / Gamma-Rapho
V rabat	ph © DSA, Conseil départemental de la Seine-Saint-Denis.
V rabat	ph © Patrick Hertzog / AFP Photo
V rabat	© Ministère de l'Intérieur
V rabat	© Ministère de la Transition écologique
4(h)	ph © Cornell University – PJ Mode Collection of Persuasive Cartography
4(b)	© France Soir
5(h)	© Le Parisien
5(b)	© georisques.gouv.fr/ © Ministère de la Transition écologique © BRGM - Centre scientifique et technique
6	© Mutualité Française Occitanie
10	ph © Cornell University – PJ Mode Collection of Persuasive Cartography
11(g)	ph © Tallandier / Bridgeman Images
11(mg)	ph © Leonard de Selva / Bridgeman Images
11(md)	ph © Alexander Zemlianichenko / AP / Sipa Press
11(d)	ph © Spencer Platt / Getty Images / AFP
12	ph © Walter Sanders / The LIFE Picture Collection / Getty Images
13(h)	ph © Archivio GBB / Alamy / Photo12
13(b)	ph © Fine Art Images / Bridgeman Images
15(g)	ph © Granger Coll NY / Aurimages
15(d)	© ICAN France
17	ph © Ullstein Bild / Photo12
20	© Plantu, dessin paru dans Le Monde du 2 février 1990
21	© The Baltimore Sun, 12 septembre 2001
22	© Courrier International / Editions Autrement, 2020
23	© Paresh Nath / Politicalcartoons.com
24	ph © Lehtikuva / AFP
26	ph © AFP
28(h)	© www.andysinger.com
28(b)	© www.andysinger.com
29	© www.andysinger.com
31(h)	ph © iStockphoto / Getty Images
31(mg)	© ONU
31(md)	© CE
31(mbg)	ph © Hulton Archive / Getty Images
31(mbd)	ph © Ullstein Bild / Photo12
31(bg)	ph © Keystone-France
31(bd)	ph © AFP
33(h)	ph © Wallis / Sipa Press
33(b)	ph © Spencer Platt / Getty Images / AFP
34(h)	ph © The LIFE Picture Collection / Getty Images
34(m)	© National Archives and Records Administration. Office of Presidential Libraries. Harry S. Truman Library.
34(b)	ph © Petrusov / Sputnik / AFP
36	© France-Soir
37(g)	ph © LAPI / Roger-Viollet
37(m)	ph © Keystone-France
37(d)	ph © Marc Garanger / Aurimages
39	© UCANSS
42	Coll. Dixmier / Kharbine-Tapabor
44	ph © AFP
45	ph © Kharbine Tapabor
47	ph © Isabelle Raymond / Radio France / MAXPPP
48	© Région Occitanie
50	ph © Patrick Lavaud / PHOTOPQR / LA NOUVELLE REPUBLIQUE / MAXPPP
50	ph © Gilbert Uzan / Gamma-Rapho
52	ph © Bettmann Archive / Getty Images
53(g)	ph © Marc Riboud
53(d)	ph © Keystone-France
55	ph © BnF
57(h)	ph © AFP
57(m)	ph © Keystone-France / Gamma-Rapho
57(b)	ph © Eric Feferberg / AFP
60	© Plantu, dessin paru dans Le Monde du 21 nov.1986
62	© Le Parisien
63	© ODD - Agenda 2030
64	© Contient des informations Pléiades © CNES 2020, Distribution Airbus DS, tous droits réservés
68	MetroBike's Bike-Sharing Blog © Statista
69	© ODD - Agenda 2030
72	© Cambon / Iconovox
74	© Contient des informations Pléiades © CNES 2019, Distribution Airbus DS, tous droits réservés
75	© Emelyne Metzinger
81	ph © Juan Medina / Reuters
83(h)	© ODD - Agenda 2030
83(m)	© Katrin Baumann / Conseil économique social et environnemental
83(b)	© Soulcié / Iconovox
86	conception et cartographies : Mathilde Costil, Sylvie Gittus et Eugénie Dumas, « Projet d'enfouissement de déchets nucléaires : les enjeux de la contestation en cartes », Le Monde, 22 février 2018 Sources : ANDRA ; IRSN ; PLUS BURE SERA LEUR CHUTE ; LE MONDE ; L'EST RÉPUBLICAIN ; AFP
88	© https://www.georisques.gouv.fr/ © Ministère de la Transition écologique © BRGM - Centre scientifique et technique
89(g)	© araa.org
89(m)	ph © Jiji Press / AFP
89(d)	ph © Gwendoline Defente / AP / SIPA
91(h)	ph © raresgud -stock.adobe.com
91(hm)	ph © Lightfield Studios -stock.adobe.com
91(m)	ph © Fernandonascimento -stock.adobe.com
91(bm)	ph © WildMedia -stock.adobe.com
91(b)	ph © fotohansel -stock.adobe.com
92	© Libération, 2018/09/07 : Urgence climatique Le SOS de 700 scientifiques. Photo : James Balog / Earth Vision Institute
93	© Reproduced with permission of the World Health Organization https://www.who.int/globalchange/climate/changements-climatiques-infographie1_2016.pdf
94(hg)	ph © Jiji Press / AFP
94(hd)	ph © Adek Berry / AFP
94(b)	© ADEME / Agence Giboulées.
95	ph © ABC Laos News / Handout / Reuters
96	© http://flood.firetree.net/
98(hg)	ph © Alamy / Photo12
98(hd)	ph © Alamy / Photo12
98(mg)	ph © Jean-Marie Champagne / PHOTOPQR / L'UNION DE REIMS / MAXPPP
98(md)	© ARS La Réunion
98(bg)	ph © Alamy/Photo12
98(bd)	ph © Philippe Desmazes / AFP
99	ph © Joseph Eid / AFP
100(h)	ph © Laurent Theillet / PHOTOPQR / SUD OUEST / MAXPPP
100(b)	© Climate Central https://www.climatecentral.org/
101(h)	ph © Arcachonphoto.com / Shutterstock
101(b)	ph © Laurence Constans / Sud Ouest
102	ph © Thomas Coex / AFP
105(h)	ph © photo-aerienne-France.fr / P.Blot
105(b)	© DREAL Auvergne-Rhône-Alpes / UD-Rhône, Mission SPIRAL
106	© Laurent Burlet / Rue89lyon
107(h)	ph © Kim Kyung Hoon / Reuters
107(b)	ph © Hollandse Hoogte / Sipa Press
109(h)	ph © Cristina Quicler / AFP
109(m)	ph © Olivier Lejeune / PHOTOPQR / LE PARISIEN / MAXPPP
109(b)	ph © Alery Hache/ AFP
113	ph © Daniel Dreifuss/ AP / SIPA
114	© Mutualité Française Occitanie
115	ph © Lionel Bonaventaurel / AFP
116	ph © Isa Harsin / Sipa Press
117(h)	© 2021 LPO Auvergne-Rhône-Alpes - Délégation Drôme
117(b)	ph © Manon Leterq / Radio France / MAXPPP
118	© lemondedelenergie.com / droits réservés
119(g)	ph © lovelyday12 -stock.adobe.com
119(d)	ph © surangaw -stock.adobe.com
122	© Na !
123(h)	© Collectif Citoyen pour l'Agroécologie
123(b)	ph © Mike Ehrmann / Getty Images / AFP
125	© Visactu
128	© Statista
129	© UNICEF / UNI326140 / Otieno
130	© Courrier international, hors-série, octobre 2017
131	© Chappatte, NZZ am Sonntag - www.chappatte.com
134	© Chambre d'agriculture de la Haute-Marne, https://haute-marne.chambre-agriculture.fr/
135	© Les Boucles du Don – 25e édition
136	© LaCollect.tech / Emmaüs Connect / theworldcounts.com / tous droits réservés
144(g)	© Contient des informations Pléiades © CNES 2018, Distribution Airbus DS, tous droits réservés
144(d)	© Contient des informations Pléiades © CNES 2020, Distribution Airbus DS, tous droits réservés
145	ph © Nicolas Tucatl / AFP
148	© ADEME / Agence Giboulées.
154	ph © UPI / AFP
158	© Plantu, dessin paru dans Le Monde du 18 février 2020